高校创新创业教育研究

潘 浩 著

天津出版传媒集团
天津科学技术出版社

图书在版编目（CIP）数据

高校创新创业教育研究 / 潘浩著. -- 天津 : 天津科学技术出版社, 2023.6

ISBN 978-7-5742-1274-9

Ⅰ. ①高… Ⅱ. ①潘… Ⅲ. ①高等学校－创造教育－研究－中国 Ⅳ. ①G640

中国国家版本馆CIP数据核字(2023)第099942号

高校创新创业教育研究

GAOXIAO CHUANGXIN CHUANGYE JIAOYU YANJIU

责任编辑：陶 雨

出版：天津出版传媒集团
天津科学技术出版社

地址：天津市西康路 35 号

邮编：300051

电话：(022) 23332400

网址：www.tjkjcbs.com.cn

发行：新华书店经销

印刷：北京宝莲鸿图科技有限公司

开本 787×1092 1/16 印张 11 字数 240 000

2023年6月第1版第1次印刷

定价：74.00元

前　言

大学生是一群极具想象力、创造力和创业激情的年轻人，且高等教育的特点决定他们的优势在于掌握熟练高超的职业技能。因此，高等职业院校创新创业教育不能盲目照搬国外创业教育模式，也不能复制普通本科院校的教育方法，应结合自身所在的经济区域发展实际，并考虑学生的发展个性、教师能力、学校特色等方面，推进创新创业教育工作的良性开展，最终确定适合于自身院校发展的创新创业教育目标。笔者根据多年的高校任教经验及企业管理经验，将高等职业院校创新创业教育目标定位于培养具有“开创精神”、有较强的“创业意识”以及塑造完善的“创业人格”的人。在创新创业教育路径选择上，创新创业教育要与专业教育深度融合，实现学生的理论学习与技能素养融合；注重实践教学，采取校企合作方式提升学生的实践技能；培育创新创业教育文化环境，调动学生的积极性，激发创新创业创造意识，培养创新精神。

创新创业教育与专业教育的融合是现代职业教育发展的大趋势，只有两者在人才培养方案、课程设计、教学师资等方面进行深度融合，才能真正将创新创业教育落到实处。因此，高等职业院校在制定人才培养方案时，要充分考虑创新创业型人才的培养和教育，在传授专业知识、提高专业技能的同时锤炼其解决问题的能力、开拓创新的能力。在进行课程体系设计时，要在专业课程教学中强化创新精神和创业意识的培养，这就对任职教师的能力提出了更高的要求，要求他们具备开拓创新意识，时刻关注行业前沿动态。

为了提升本书的学术性与严谨性，在撰写过程中，笔者参阅了大量的文献资料，引用了诸多专家学者的研究成果，因篇幅有限，不能一一列举，在此一并表示最诚挚的感谢。由于时间仓促，加之笔者水平有限，在撰写过程中难免出现不足的地方，希望各位读者不吝赐教，提出宝贵的意见，以便笔者在今后的学习中加以改进。

目　录

第一章　高校创新创业教育基本理论

在新的形势下，高校开展创新创业教育具有其独特性和价值意义。为此，需先厘清相关概念，论述基本问题，为探索高校的创新创业教育提供理论基础。

第一节　创新创业教育内涵及特点

一、高校创新创业教育内涵

从“创新”角度来讲，根据著名经济学家约瑟夫·熊彼特的观点，“创新就是生产要素的重新组合，将新机制引入生产体系，建立一种新的生产函数”。

从“创业”角度来说，依据管理学家彼得·德鲁克的观点，“创业的本质是在于要在组织中建立新的生产函数，创业不是重复，而是创造，创造新的满足、新的组织模式”。可知，创新与创业是一脉相传、不可分离的。创新创业教育是以“创新”“创业”为主体的教育，但不能将其简单地理解为二者的相加，而是以对二者的研究为本，融合素质教育、职业教育等多种教育理念，科学提出的全新教育理念，是一种培养基础性和通用性才能的公共教育。高校创新创业教育开展的目的不仅侧重于技能的提升，而是通过创新创业教育的实施，来提高学生的综合素质，既包括思维方面的优化，也囊括实践方面的提升。换句话说，创新创业教育作为一种新型的教育模式，创新创业教育培养的不仅是自主创业者，还包括以自己岗位为依托，能够实现岗位创新的“岗位创业者”，是培养懂创新、能创新以及会创新的人才的教育。

学校类型的差异、受教育群体的不同，对于如何开展创新创业教育都会产生影响，高校创新创业教育作为创新创业教育的一个重要组成部分，有其独特之处。对于高校来说，创新创业教育是以大学生专业技术水平较高的特点为出发点，在加强专业基本理论和基本技术教育的同时，通过一系列培养学生创新创业意识、知识、能力的创新教育活动，帮助学生掌握科学合理的知识结构，培养学生具有创新创业的意识，开拓思维，助力学生塑造良好的品质，全面提升学生的创新创业能力。

二、高校创新创业教育的特点

高等教育拥有区别于其他教育的特殊性在于：一是在培养目标上，具有职业定向性。高等教育旨在培养生产、服务和管理第一线的应用型高级技术人才，培养的是一岗一才的专才，具有明确的价值取向。二是在教育教学方面，强调教育教学的实践性，围绕实践组织教育教学活动、以实践为基础进行相关研究分析。同时理论学习的目的性更强，是为实践服务的。三是在教育教学过程中，高等教育具有开放性的特点，由于其人才培养目标特殊性，高等教育不是提供一成不变的、封闭在固定体系中的“知识”教育，而是面向就业市场和岗位要求来实施的、提供一切可能的动态教育。这要求高校在教育中要保持开放的理念，才能促进高等教育的不断进步。四是在高等教育服务面向区域方面。高等教育的产生背景，决定了在培养过程中，要以地方发展需求为出发点，来进行人才的培养。

创新创业教育是在社会大发展的背景下产生和发展起来的，不仅表达着与时代背景相契合，与社会态势相一致的教育理念，还与高等教育特殊性相契合。高校创新创业教育的特点主要表现在以下方面。

第一，高校创新创业教育强调创新性。高校培养的是技术应用型人才，技术应用型人才是社会财富的直接创造者，是社会运行过程中的具体执行者。在社会化大生产的今天，对人才的创新能力提出了新要求，尤其是对第一线的技术应用型人才的创新能力提出了更高的要求，因此，在开展创新创业教育过程中，要注重在传统的基础上创新。在教育内容上、教育方法上要求转变求新，更加强调促进学生的个性化发展。学生个性的培养，不被传统的教育所局限，培育贴合社会发展需求的，具有创新思想、创新能力的人才。

第二，高校创新创业教育强调实践性。高等教育属于技术应用型教育，实践性既是高等教育的特点，也是其较之其他教育类型的优势，因此，在高校开展创新创业教育，不仅注重意识的创新性引导、同时强化高校的实践优势。在开展创新创业教育的过程中要重视实践教学，培养学生具有将意识创新转换为行为创新的本领。

第三，高校创新创业教育强调开放性。创新创业教育讲求一种创新的理念，要想创新，离不开交流与合作，离不开开放，同时高等教育作为衔接职业教育与社会就业的纽带，必须具有开放性的特点。因此，高校创新创业教育要强化开放教育的理念，让教育的开展不仅仅局限在校园当中，使教育在更大范围内接触社会，使人才培养以社会需求为基础，顺应社会发展现状为基本，受教育者通过感受社会需求来提高其经受考验的能力。第四，高校创新创业教育强调社会性。高等教育是源于区域经济和服务面向区域经济的教育，其与社会关系最为紧密，因此，在高校开展创新创业教育，要强调其社会性，要充分认识到创新创业教育是一项庞杂的社会工程，必须有全社会的参与，既包括高校开展创新创业教育的投入，也包含政府的支持，以及良好的社会氛围推动其发展。创新创业教育的社会性还体现开展创新创业教育对于减轻社会就业压力、促进经济发展具有其独特的现实价值。

第二节　创新创业教育的目标与内容

一、创业教育的目标

创业教育的目标应是立足于对学生的理论和实践教育，提升学生的创业意识、创业精神以及创业能力。具体来说，创业教育的目标应当是通过理论知识的传授，培养学生的创业意识，进而培养出他们较强的创业能力，使其具有高度的社会适应能力，并在激烈的竞争中不断发展潜力，为顺利开展创业活动、最终实现自己开创性的事业的目标奠定基础。由此，在创业教育的过程中，除了讲授创业相关的理论知识，创业教育教师还要用先进理念和实战机会锻炼培养学生的创业精神与创业技能，从而使学生能独立地立足于社会上，并最终打拼出属于自己的星光大道。

创业教育旨在培养将学生培养成为具备创业知识、创业品质的公民，培养成为具有独立个性、开拓精神的社会变革参与者，部分学生通过创业教育的实践获得自主创业、创新致富的本领。因此，应把培养具有创业意识和能力的创业型应用人才当作创业教育的最终目标。

二、创业教育的内容

（一）创业意识的培养

马克思主义认为，正确的意识对客观世界具有能动作用，创业意识作为一种内在驱动力，其养成对人的活动具有显著的指导作用，通过创业意识的教育，使学生清楚地认识到，实现自我价值的途径不仅仅是就业，自主创业也可以走出灿烂的人生道路。由此可见，要开展创业教育，首先要培养受教育者的创业意识。

意识是人的个性心理倾向，对人的发展起推动作用，作为创业素质的重要内容，创业意识主要由创业的需要、动机、兴趣和世界观构成，意识对物质具有能动作用，因此创业意识也影响着创业者的动机、态度与行为，对于高校大学生而言，创业意识对他们的创业态度和行为影响尤其深刻，其中，使大学生树立竞争意识、创新意识、诚信意识、责任意识、敬业意识与合作意识是创业教育的重要任务。在培养高校生自主创业意识的过程中，要把思想教育工作放在首位，激发他们的创业兴趣和激情，帮助大学生端正创业思想，树立正确的创业意识，使他们敢于也乐于创业、善于创业。

（二）创业精神的培养

创业精神的培养不是一蹴而就的，高校在开展创业教育过程中应当着重考虑到塑造学生创业精神，使得学生能够在工作中会更有参与性和创造性，使他们踏入工作岗位后能够积极面对各种艰难险阻，摆正心态，保持斗志昂扬的精神面貌和百折不挠的意志力。创业精神包括艰苦奋斗精神、团队合作精神、敬业精神、开拓进取精神。

艰苦奋斗是一种不畏艰难，艰苦创业，奋发图强，乐于奉献的顽强精神品质，是中华民族五千年来一直提倡的民族精神，是优良的文化传统。创业过程难免会遇到重重困难与挫折，艰苦奋斗精神是创业者应该具备的素质，当前学生都从小就是整个家庭的中心，家长会包揽所有困难。创业要取得成功，就必须学会艰苦奋斗，积极应对各种困境，把创业中遇到的挫折看作铺路石，勇往直前。

团队精神是以尊重个人兴趣和成就为基础，协作是精神核心，它所倡导的是全体成员具备一致的凝聚力，体现出个人利益和集体利益的统一，从而促进团队的高效运行。

敬业精神指的是对某件事情，或者职业的热爱而由此产生的全身心投入的状态，是对工作的一种道德要求，其本质是无私奉献。敬业精神体现的是个体在职业领域能够树立主人翁精神，具备高度事业心和责任感，是一种崇高的职业道德，其中培养的是认真踏实、精益求精的工作作风和积极向上的劳动态度，把对工作的付出看作无上光荣并能够自觉抵制落后腐朽思想，以正确的人生观和价值观指导自己的职业行为。

开拓进取精神是一种积极向上的、立志成功的状态。“进取”是怀揣理想，从细微之处出发，立足本职工作，认真做好手中的事，精益求精，从而实现自我价值。创业活动不是一成不变的，它需要根据市场形势不断突破，尝试通过运用各种方法来不断推进创业活动的开展，从而实现人生价值。高校进行创业教育，就要鼓励学生敢于突破现状，摆脱传统的思想观念，超越现实。培养学生的开拓进取精神，就要教会学生学会在实践中把握机会，积极争取，自主创业，敢于创业，学会发展自我，挑战自我，拼搏进取，挑战困难，勇往直前。

（三）创业品质的熏陶

品质对于人的心理和行为起重要调节作用，是在先天因素和后天社会实践的基础上形成的个性心理特征。在创业实践活动中，创业品质包括独立性、克制性、坚韧性和创造性。

独立性。独立性指的是能够独立思考并独立处理各种困难。创业活动是实践性很高的活动，创业者必须要有自己独立的想法，不能亦步亦趋，只有这样才能不被环境左右，做到真正意义上的创新。

克制性。创业活动需要的是不畏艰难困苦，能够努力调节自己的不良情绪，时刻保持清醒的头脑，切勿过于冲动。创业活动总是在成功和失败之间盘旋，果断是创业者所特有的品质，但凡事都要限定在一定范围内，超越一定程度的果断就会成为武断。因此创业者必须调整好自己的心态，当前的成功或失败不能预见未来，不能盲目膨胀，也不能一蹶不振。

坚韧性通常指为达到某一目标不屈不挠，能够始终坚持自我，面对困难挫折、不公乃至冷遇都能积极应对的心理品质，是创业者难能可贵的品质。创业初期，困难和挫折都是难免的，有坚韧性品质的创业者，他们在困难面前不会轻易动摇，仍始终朝着既定的目标行动。通过培养坚韧性品质，正确引导学生面对困难，树立创业自信心，在创业征程中，把困难看成垫脚石，坚韧不拔地实现自己的奋斗目标。

创造性。创造性指个体所产生独特的、有社会价值东西的能力。独特意味着能认真钻研并做出别人未做过的事，有社会价值意味着创造的东西具有实用价值或道德价值等。创造性以创造性思维能力为核心，创造性思维又以辐合思维为核心。

（四）创业能力的训练

创业能力是决定创业成功与否的关键，体现着一个人综合素质。创业能力主要包含以下几方面:一是领导能力，创业者作为自己的受雇者，同时也是自己企业的领导者，需要带领团队，高效率地裁决重大意见，对所处的环境进行缜密的思考与打算，扮演的是一个领航者的角色；二是协调能力，成功的创业者不仅要领导好自己的团队，还需要搞好内部团结，处理好与同事、合作者的人际关系，为创业活动建立良好的创业环境，为创业的成功打好坚实基础；三是学习能力。正所谓活到老，学到老，创业者只有不断学习，才能获取最新知识，才能在激烈的竞争中不被社会淘汰。学习的能力包括获取知识的能力和转化应用知识的能力；四是创新能力。当前我国提出的五大发展理念，其创新居于首位，可见创新在推动国家经济发展中重要作用。创新是历史进步的动力、时代发展的关键，为紧跟时代的脚步，不被时代淘汰，创业者必须具备创新的能力才能，立足于实践，不仅要在管理上创新还要在技术决策上创新。创业教育不仅强调创业精神，创业意识，更重要的是要将这些融入于创业实践中，在实践中实现人生价值。

第三节　创新创业教育的必要性及可行性分析

创业是创业者通过努力优化整合所拥有的资源，在具体的创业实践中充分发挥创造力和想象力，培养创新精神，努力克服各种困难挫折，创造出更大经济或社会价值的过程。它是每个人都应具备的关键能力。目前国家无论在场地设备还是资金方面都大力支持高校在内的各大高等院校进行创业教育。从当前的研究现状看，大多数学者认为有必要对高校的创业教育进行深入研究，虽然高校是高等院校教育的重要阵地，因其与其他类别院校在人才培养的目标设置上不同，不能简单套用一般院校的创业教育经验。高校创业教育主要是培养创业型应用人才，普通本科院校培养的是科技研发人才，通过二者培养目标的对比上可以看出，高校创业教育重视实际操作能力的培养，旨在岗位培养创业人才，而一般院校更注重理论的应用。因此，有必要将二者的创业教育区别开，分析高校推行创业教育的必要性和可行性，保证高校创业教育的顺利进行。

一、高校开展创业教育的必要性

高校开展创业教育是素质教育的进一步深化。创业教育在内容上涵盖健康的心理素质、创业意识、创新能力、合作精神、创业品质的培养，提高学生的创业素质。高校开展创业教育不仅可以培养敬业精神、创新能力、学科知识、教师技能等，促进在知识、技能、能力、人格等各个方面的提升，助推高校生综合素质的整体发展，使学生能够挖掘并发挥自身优势，在未来岗位中融入所掌握的创业思想和创业，造就一大批具有开创能力和高素质的人才队伍。

（一）缓解严峻就业形势的要求

近 10 年来，随着高校扩招，毕业生数量每年大幅增长，2012 年高等学校毕业生人数近 500 万人。2016 年毕业生人数达到 765 万人，再创历史新高，四年间增加达 265 万人，通过查阅数据显示，截止到 2016 年 5 月 1 日，相较于 2015 年，2016 年的毕业生签约率上升了 0.8 个百分点。此外，近 10 年来，中国城镇化进程明显加快，城镇化率不断在提高，这就势必迎来大规模的人口转移过程，据国家统计数据显示，2015 年全年城镇新增就业 1312 万人，年末城镇登记失业率为 4.05%。

从目前中国的就业市场上看，企业、公职单位的人才招聘都明文设定了学历门槛，除此之外，当前社会各界也对高校的教学质量存在疑问，归结起来，相比于普通本科院校，大部分高校的毕业生就业压力非常大。大学生作为学生仍然没有过多地接触社会，因此需要通过学校的创业教育来实现该教育手段和教育方式，由此可以看出，学校的创业教育，包括创业意识、创业精神和创业品质的教育对于引导学生形成良好的就业价值观有着重要的责任。随着我国新常态经济的发展，产业升级急需进行，在如此严峻的就业形势下，培养创业型应用人才将是缓解高校生就业压力，高校更应从学生特点出发，利用自身条件努力推进创业教育。

（二）提高高校的核心竞争力的要求

21 世纪国与国的较量是人才与科技的竞争，可以预测，在未来高校的竞争中，学生的创业精神、创新能力、创业品质将成为提高各高校核心竞争力的重要指标，因此，高校在发展过程中，找准自己的定位和目标，准确把握在教育环境中的位置，才能突出自身优势，办出特色，提升综合竞争水平。高校的素质教育与创业教育倡导的内容基本一致，高校通过推行创业教育养成学生良好习惯，拓展学生思维，不断提高学生的实践能力，为我国高校实行开创性发展、提升竞争力提供了方向性指导。

（三）提高高校大学生综合能力、提升自我竞争力的要求

当前，我国正处于经济结构转型期，社会需要高新技术产业，大部分落后产业逐渐被社会淘汰，因此导致就业机会减少，下岗人员呈增长趋势。随着高等教育的深入改革，各大院校开始扩招，这就为社会提供了大量劳动力，由于就业岗位的减少，每年都会涌现大批待业的毕业生，而高校毕业生也在这个群体中，面对学历层次低的社会地位，其就业难度比一般本科院校的大学生更大，因此，当前国家提倡大力支持鼓励大学生群体创业，大学生作为社会主义的接班人，其独特的个性和潜在的创新能力是他们的优势所在。创业带动就业，可以产生出大量工作机会，从而缓解我国严峻就业压力。同时，随着经济的不断发展，电子商务悄然兴起，旧有的知识体系已无法适应当前教育市场竞争的需求，这就要求不仅要加强专业知识的学习，还应把握时代要求，具备创新能力、整合教育资源等综合素质。

二、高校开展创业教育的可行性

（一）高校实施创业教育的内部因素

首先，明显的职业技能优势及较强的创业意志是高校大学生独有的自身优势。

第一，大学生大多成绩不理想，在以成绩论能力的中小学时代，并不突出，在学

业知识方面不及普通本科生表现优越，而由于高等教育与普通本科教育不同，高等教育更注重在培养具备必要的理论知识和较强实践能力，培养技能型人才，因大多在教育过程中掌握各自细分专业的相关技能，相对高于普通本科院校，大部分大学生的实际操作能力会更强，与理论方面的知识相比，他们对实际操作更感兴趣，也更愿意投身至有关实践能力培养的教育中，创业教育的目标是培养学生的开拓进取精神，并使他们成为自己工作岗位的创造者，其所教授的内容贴近现实，更容易被学生接受，有助于充分激发学生的学习动机，高校的实践性特征与创业教育理念不谋而合。

第二，高校的毕业生多数是直接迈向社会，谋求一份稳定职业。在社会看来，因为大学生的学习成绩低于本科生，导致人们认为他们的综合素质低于本科生、研究生，高校生的社会地位普遍较低，因此，提升创业型的综合素质必然成为缓解他们就业压力的方向。

第三，高校的人才培养模式主要是校企合作、产学结合的形式，校内外实训、毕业实习，各个环节贯穿于高等教育的始终。在生产实践过程中，学生大多是进入工厂展开实习活动，工作条件较为艰苦，高校生在辛苦的实践活动中不断培养出抗挫折能力以及艰苦奋斗的品质，这些都将成为开展创业教育宝贵财富。

其次，高等教育与创业教育在运行模式上具有一定的相似性。

第一，创业教育和高等教育在一定程度上作为一种新型的教育形式，创业教育与高等职业教育在培养目标、内容、性质等方面都具有共通性。高等教育是高等教育一个很重要的组成部分，它肩负着培养技术型、应用型人才的责任。高等教育的培养目标随着经济的发展不断发生着变化，一方面需要培养各行业的专业型人才；另一方面将培养具有综合素质和能力的综合型人才作为教育重点。创业教育注重培养学生的实践能力，要求学生要结合社会现状规划统筹，以此来提高学生的综合能力品质。两种教育的融合合情合理。

第二，高校院院校的师资呈现“双师型”特征，与创业教育对师资的要求具有共通性。我们知道，影响教育成效的关键是教育者能否拥有扎实的理论功底以及满足受教育者多样化需求的教学方式，高校创业教育要取得实际成效就必须努力在教师专业素质和水平上下功夫。与一般本科院校相比，高校因其职业教育的理念，配备具有一定实践能力的师资队伍，他们不仅从事具体的实践活动，也拥有扎实的理论知识，同时建立专兼职的教师队伍，这些为创业教育的开展提供了强有力的支持。

（二）高校开展创业教育的外部条件

第一，21 世纪新经济的发展为高校推进创业教育的发展提供动力。改革开放 40 年来，我国的经济发展水平不断提高，21 世纪的竞争将是以人才培养和科技进步为指标的综合国力的较量，在如此激烈的竞争中，我国只有努力把握时代机遇，大力发展生产力，创造性地在科技领域培养创新人才，培养他们的创业意识和能力，转廉价劳动力为高素质、高水平的人才资源，转制造大国为创业强国，落实创新驱动发展战略，才能为实现我国从发展中国家的尴尬位置中跻身列入中等发达国家之列，为此，国家就要大力培养一批具有广博知识、开阔视野、开拓创新精神的创业者，以创业促就业，带动民族经济的发展。

创业是建设中国特色社会主义事业的应有之义，符合社会发展要求。当前国家的创新驱动发展战略就需要社会造就出一批优秀的创业应用型人才，当代社会对创业型人才的迫切需要，这就要从培养人才的摇篮出发，从具体的学校教育出发，需要大力推进创业教育的有效开展，培养出各行各业的创业型应用人才，提高高新技术成果转化率，通过辐射作用，带动传统产业的发展，拉动国民经济的发展，提高我国的综合国力。

第二，政府的大力支持为高校更好地开展创业教育提供了保障。近年来，中央下发了许多大学生创业的政策，无论从简化手续还是增加政府资金投入无疑不是学生扫除创业征途中的障碍，使广大学生更好地投入创业之路，在利好环境下，高校要把握机遇，切实推进创业教育的顺利开展，提升大学生的整体素质。

第四节　开展创新创业教育的理论基础

创新创业教育是以培养具有创业基本素质和开创型个性的人才为目标，不仅仅以培育在校学生的创业意识、创业精神、创新创业能力为主的教育，而是要面向全社会，针对那些打算创业、已经创业、成功创业的创业群体，分阶段分层次地进行创新思维培养和创业能力锻炼的教育。创新创业不是凭空臆造的，它是建立在知识的传播、转化和应用的基础之上。高校培养创新人才绝非为教育创新而创新，而是有着厚重的理论底蕴作为支撑。

一、人力资本理论

所谓人力资本，即指凝聚在劳动者身上的知识、技能及其所表现出来的能力。人力资本理论的产生可以追溯到 18 世纪。早在 1776 年，现代经济学的创始人亚当 · 斯密就在他的代表作《国民财富的性质和原因的研究》中指出：个人通过学习所获得的已成为个人能力一部分的知识和技能，也应视作社会财富的一部分，是社会固定资本的组成部分。

随着经济和科技的发展，到20世纪中叶时，学者们对人力资本的研究开始系统起来。其中，最杰出的代表人物当属美国的西奥多·舒尔茨，他在其名著《论人力资本投资》中指出："事实证明，人力资本是社会组织和个人投资的产物，其质量高低完全取决于投资多少。"人力资本是关于人口质量的投资，它比物力资本更加高效，在人力资本形成的各种途径中，教育是一条最重要的途径。西方大多数专家指出，教育是一种生产性投资，它对经济增长具有举足轻重的作用。

在人类所拥有的一切资本中，人力资本是第一宝贵的，自然成了现代管理的核心。更好地提高人力资本的管理水平，不仅是发展经济、提高市场竞争力的需要，也是一个国家、一个民族长期兴旺发达的重要保证，更是一个现代人充分开发自身潜能、适应社会、改造社会的重要措施。因此管理好人力资本有着重要的意义。

（1）通过合理的管理，可以实现人力资源的精干和高效，取得最大的使用价值，同时，人的使用价值达到最大等同于人的有效技能最大限度地发挥。

（2）通过采取一定措施，可以充分调动人力资源的积极性和创造性，也就是最大限度地发挥人的主观能动性。调查发现：按时计酬的员工每天只需发挥自己20%~30%的能力，就足以保住个人的饭碗。但若充分调动其积极性、创造性，其潜力可发挥出80%~90%。

（3）通过教育和培训，人力资本的效能不断提高。人类社会的发展，无论是经济的、政治的，最终一切为了人本身的发展，马克思指出，教育不仅是提高社会生产的一种方法，而且是造就全面发展的人的唯一方法。随着社会的发展，教育和培训在人力资源开发和管理中的地位越来越高。

21世纪的中国处在一个知识经济时代，也是一个创业的时代，此源于日益激烈的人才竞争，严峻的就业形势以及国家经济发展方式的转变，于是对人才的素质、对人才开发的力度和高校人才培养模式也有了新的要求。除了要求大学生掌握知识、技能之外，还需着力提升大学生的文化修养、企业家精神、创新创造能力，以提高其综合素质。

人力资本理论为创业人才的培养提供了理论依据，创业人才的培养是时代的要求，高校培养出来的创业人才是经济发展和社会进步的有力推动者。

二、实用主义教育理论

实用主义教育理论于19世纪末在美国兴起，是以批判赫尔巴特代表的传统教育学为基础，以美国实用主义文化为背景，而建构起来的一股教育思潮，它深深地影响了

20世纪全球的教育理论的研究和实践。实用主义教育理论代表人物有美国哲学家、教育学家杜威（John Dewey）和克伯屈（W.H.Kilpatrick）等人。

杜威非常重视教育过程中师生之间的合作关系。他认为，在教育过程中激发学生自己发现问题、解决问题，并不是指教师可以袖手旁观，保持沉默，而是共同参与学生的活动。在这种共同参与活动的过程中，教师或学生越少意识到自己在那里施教或受教就越好。杜威反对那种依靠威吓和压制的方法进行教育和教学，要求各门课程的教学过程成为师生合作的相互作用的过程，成为师生两方面都是作为平等者和学习者共同参与的过程。

实用主义教育理论的观点总结如下。

第一，教育即生活，教育的过程和生活的过程是合二为一的，而不是为将来的某种生活做准备。

第二，教育即个人经验的增长，教育在于让学生在真实的情境中增长自己的经验，这是教育的最终目的。

第三，教育即成长，是个人经验的增长过程。

第四，学校的课程是以学生的经验为中心的，打破了原来以学科为中心的课程体系。

第五，教育教学中不再以教师为中心，教师只是学生成长的帮助者，学生才是教育教学的中心。

第六，在教育教学过程中，要注重学生的创造性的发挥，提倡让学生在学习的过程中独立探讨、发现问题。

在当今社会依然认为实用主义教育哲学拥有它的极大社会价值，认为当代“杜威教育思想依然是有生命力的”。

总之，实用主义教育理论所倡导的以学生为中心、活动课程、做中学为特色的教学思想，为教学思维的改变和教学模式的更新，以及创业人才的培养策略提供了理论基础。

三、创新型国家理论

通常，人们按照实现工业化和现代化道路的不同将国家进行划分：有些国家主要依靠自身丰富的自然资源增加国民财富，如中东产油国家，即资源依赖型国家；有些国家主要依附于发达国家的资本、市场和技术，如一些拉美国家，即依附型国家；还有一些国家把科技创新作为基本战略，大幅度提高科技创新能力，形成日益强大的竞争优势，国际学术界把这一类国家称之为创新型国家。创新型国家是指以技术创新为经济社会发展核心驱动力的国家。主要表现为：整个社会对创新活动的投入较高，重要产业的国际技术竞争力较强，投入产出的绩效较高，科技进步和技术创新在产业发展和国家的财富增长中起重要作用。

作为创新型国家，至少要具备 4 个特点：

（1）创新投入高，国家的研究开发投入占 GDP 的比例一般在 2% 以上；

（2）自主创新能力强，国家的对外技术依存度指标通常在 30% 以下；

（3）科技进步贡献率要在 70% 以上；

（4）创新产出高，目前世界上公认的 20 个左右的创新型国家所拥有的发明专利数量占全世界总数的绝大部分。

为了在竞争中赢得主动，依靠科技创新提升国家的综合国力和核心竞争力，我国把推进自主创新、建设创新型国家作为落实科学发展观的一项重大战略决策。创新型国家理论在我国不断地渗入。

高校在国家整个创新体系建设中扮演着特殊的角色。它肩负着生产、建设、服务、管理第一线的专业知识和科技创新的使命，承担着培养创新人才的重要任务。而创新人才在推动生产一线科技成果转化、服务社会主义现代化建设等方面发挥着不可替代的作用。因此，培养创新人才是建设社会主义现代化、实现全面建设小康社会的重要环节，也是建设创新型国家的应有之义。

四、人的全面自由发展理论

马克思在《共产党宣言》中概括了共产主义新人形象的本质特征，那就是“每个人的全面而自由的发展”。所谓“人的全面而自由的发展”，蕴含了两个方面的内容：一是人的性格和智慧得到全面的合理的发展，具体来说，就是在道德、智力、情感等方面得到全面、和谐的发展。二是人的个性和才能得到自由自主的发展，具体来说，就是进行自由的生命活动和自觉的创造活动。“一切人的自由发展”与“每个人的自由发展”及其辩证关系，构成了马克思“人的全面自由发展”理论的基本内容。

在马克思看来，人的全面发展还包括个性自由、人的性格、智慧等方面的发展。传统教育模式以培养适应社会政治经济发展的人才为目标，在教育实施上有着重共性、轻个性的倾向，这显然与人的全面自由发展相违背。从学界对创新人才的界定上看，对创新思维、创新能力、创新品质和意志等方面的要求，本质上是以人的全面自由发展为依据的。同时，推进人的全面自由发展，与促进社会、经济、文化的发展，是互为前提和基础的。人越是全面自由发展，社会的物质精神财富就会创造得越多；反之，社会物质精神财富越充分，又越能推进人的全面自由发展。

人的全面自由发展理论已经充分地渗透到当前高等教育实践之中。中央创造性地提出了"以人为本"的科学发展观，将人的全面自由发展与整个社会的和谐发展联系起来。可以说，创新人才的最高标准即个性全面自由发展了的人，培养创新人才是高校践行科学发展观的客观要求，为此高校应转变教育观念、确立"以生为本"的教育理念，遵循青年心理和生理发展的科学规律，主动地进行高素质人才培养的教育实践活动。

五、创新教育理论

目前，大多数人认为：高等教育，是培养生产一线的高技能劳动者，只需要按设计师设计出的图纸和建造方案实施，基本没有创新的空间与需要。因此，高等教育只注重工艺、技术的训练与规范、标准的教育。但是人不是机器，现代人的劳动，都是创造性劳动。生产实践是技术与能力提高的本源。高等教育之所以倡导校企合作、工学结合，推行工作过程系统化教学，其出发点就是把课堂教的死知识、工艺规范与生产实际相结合，充分发挥人在劳动过程中的主观能动性、创造性，主动学习，深刻领会、体悟操作、人机对话过程中隐含的知识、规律与问题。高校预期培养生产一线的劳动者，迫切需要来自生产一线的鲜活知识。教材，永远落后于社会实践，永远不可能复制实践中的全部知识，尤其是劳动过程中的隐性知识；教师传授的知识与技能，都是规范化、系统化、理论化了的再加工知识，遗漏、缺失、偏差、固化、表述不准等，不可避免。

根据知识能否清晰地表述和有效地转移，可以把知识分为显性知识（Explicit Knowledge）和隐性知识（Tacit Knowledge）。社会生产、生活具体行为中的隐性知识大量存在，需要有知识基础的"有心人"，去发现、概括、总结、提炼，提出解决方案，一个一个隐含的问题被攻破、被解决，就是技术进步。技术进步不是在某一时刻的突变，而是日积月累的渐变。

隐性知识到显性知识的转化，是一个建立重复利用知识体系的过程。它重点强调的是信息采集、组织、管理、分析和传播。在这一过程中，信息在不断聚合过程中产生新的理念。私人知识并不能直接共享，可以进行传递的仅仅是知识中的有关观点和信息。他人在接受信息后，要对其进行深入地感知、理解和内化，然后才能形成自己的新知识。

内化，意味着新创造的显性知识又转化为组织中其他成员的隐性知识。显性知识隐性化的目的在于实现知识的应用与创新。知识的创新与应用是知识管理的终极目标，组织能否在竞争中占有优势取决于组织能否充分利用组织的知识，能否不断地创造出新的知识，进行知识的更新。经过隐性到显性，再由显性到内化的 4 个阶段，组织竞争力得到提高，知识管理完成一个基本循环。

上述由创造知识到提高技术的转化过程，隐性知识向显性知识的转化是核心，是知识生产的最直接和最有效的途径。生产组织中员工个人的隐性知识，是企业新知识生产的核心。如何有效地激发个体的隐性知识，避免转化过程中的障碍，增加转化方式的互动作用，将影响企业新知识产生水平。

生产一线的劳动者，除把隐性知识转化为显性知识这一创造新知识的功能外，现代工业社会劳动本身，就是智力运用与创造的过程。

高校培养的是高技能专门人才，是生产一线的劳动者，他们的劳动过程，就是新知识的生产过程、智力运用过程、创造性劳动过程。高等教育如果没有创新教育的内容，只能认为我们的高等教育，只是在给机器输入程序，而不是培养活生生的人。若培养的是人、而且是人才，就必须把创新教育作为核心内容。

六、蒂蒙斯创业理论

创业理论源于18世纪时entrepreneur（创业者，企业家）这一词的出现。随后，逐渐的有关创业的研究就多起来。学者们从各自不同的视角对创业相关的创业现象、创业本质、创业理论进行了探讨。杰弗里·蒂蒙斯（Jeffry A.Timmons），是富兰克林·欧林创业学杰出教授，是创业管理教育领域的权威人士，1999年起成为美国国家创业委员会的特别顾问。蒂蒙斯对创业过程模型给出了经典的诠释。

第一，商业机会是创业过程的核心驱动力，创始人或工作团队是创业过程的主导者，资源是创业成功的必要保证。

创业过程始于创业机会，而不是钱、战略、网络、团队或商业计划。开始创业时，商业机会比资金、团队的才干和能力及适当的资源更重要。在创业过程中，资源与商机间经历着一个适应—差距—适应的动态过程。商业计划提供沟通创业者、商机和资源3个要素的质量、相互间匹配和平衡状态的语言和规则。

第二，创业过程是商业机会、创业者和资源3个要素匹配和平衡的结果。处于模型底部的创始人或工作团队要善于配置和平衡，借此推进创业过程，他们必须做的核心过程是：对商机的理性分析和把握，对风险的认识和规避，对资源的最合理的利用和配置，对工作团队适应性的分析和认识。

第三，创业过程是一个连续不断地寻求平衡的行为组合。

在3个要素中绝对的平衡是不存在的，但企业要保持发展，必须追求一种动态的平衡。保持平衡的观念展望企业未来时，创业者必须思量的问题是：目前的团队是否能领导公司未来的成长、资源状况；公司下一阶段成功面临的陷阱。这些问题在不同的阶段以不同的形式出现，牵涉到企业的可持续发展。

蒂蒙斯创业理论对创业相关的商业机会、创业者、资源以及它们之间的关系进行了详细的分析，诠释了创业过程的含义。蒂蒙斯创业理论为如何培养创业人才，从哪几个方面入手培养，创业人才应该具备什么样的素质提供了一定的理论参考，具有方法论的意义。

第二章　中外创新创业教育比较

第一节　国外高校创新创业教育

一、美国高校的创业教育

创业一直是美国经济增长和技术革新的最主要因素。美国人生活水平的不断提高与大学创业教育密切相关。如果创业教育在大学进行，那么该如何进行创业教育？它是否应该作为一个单独的教学领域、一个具有整体课程设计的学科？正如哲学或音乐学科一样，创业教育作为一个研究领域有自己的特定内涵。创业教育能够创造自己的研究对象，但是创业教育更像音乐教育而不是哲学教育。哲学家可能为他人写出哲学著作，但是音乐家和创业者需要更多的“业余爱好者”才会成功。对音乐家来说需要的是听众，对创业者来说需要的则是市场。所以，创业教育与音乐教育更加贴近。

创业教学与音乐教学都具有较强的学习延展性，即从专业延伸到业余。创业教育必须面对创业爱好者和市场消费者。消费者决定了市场，他们评判创业成果。正如音乐教育可以教会学生欣赏音乐作品中的技巧、体验、艺术价值一样，创业教育可以帮助学生理解创建新企业的技巧、智慧，以及整个社会大环境的政治、文化、经济基础。

（一）美国高校创业教育的发展历程

美国创业教育始于 1947 年 2 月，Myles Mace 在哈佛商学院开设了第一个创业课程——新创企业管理。随后，彼得 · 德鲁克于 1952 年在纽约大学教授了另一门创业课程——创业与革新。这一阶段高校逐渐引入创业课程，其最直接的动因来自第二次世界大战后退伍军人的需求，主要目的是通过为“二战”退伍老兵提供创业教育，解决他们的就业问题。由于 20 世纪五六十年代美国经济中创业活动并不活跃，中小企业数量没有明显增加，而大的跨国公司发展规模越来越大，大企业仍旧在经济发展中占据主导地位，美国高校创业教育整体上发展得非常缓慢。

20 世纪 60 年代末，创业教育不受重视的局面开始转变。随着大企业的衰落和中小企业的兴起，社会对创业教育的需求逐渐增加。1968 年百森商学院在本科教育阶段开设了一个创业学主修课程，开辟了高校创业教育的新领域。20 世纪 70 年代苹果电脑公司的创建和发展，推动了计算机技术的创新和微型计算机的发展。20 世纪 80 年代，微型计算机的发明降低了企业操作成本，也大大降低了创业门槛，同时为那些资金密集度低、利润高的软件公司创造了机会，以比尔·盖茨为代表的创业者掀起"创业革命"，并由此推动了美国创业教育的发展。1979 年百森商学院创业研究中心成立，开展针对创业者以及创业过程的课程、项目和教学方法的研究，其中心任务是提供创业教育，组织开展创业的学术活动，并通过一些外延拓展活动加强与外界的联系。1984 年百森商学院和德州大学奥斯汀分校举办首届创业计划大赛。1987 年圣地亚哥州立大学举办首次全国性的创业计划大赛。同时，创业活动也在快速增长。

随着信息技术革命和知识经济时代的到来，20 世纪 90 年代美国企业的生存环境发生了重大变化，全球竞争加剧、产品生命周期缩短等增加了企业的决策风险，创新和企业家精神在社会层面不断扩展。无论是开发大学生技能、提升大学生竞争力，还是促进经济发展，创业教育都至关重要。创业教育课程在美国各级各类高校相继开展，学科体系逐步完善，在创业教育的对象、内容和方法上都有了新的突破，与传统商业教育比较有了显著区别，在课程设置、学习方式等方面都体现出很强的创新理念和冒险精神。

美国高校创业教育经过 60 多年的不懈努力，目前已经形成特有的组织结构和体系：美国 2662 所两年制或四年制的非营利学院或大学中，有 2136 所（80%）大学提供至少一门创业课程；300 多所大学或学院可颁发创业方面的学士学位；在 847 个 MBA 项目中，有 347 个项目提供创业学的方向；拥有 30 多个博士学位的创业学方向，并且随着高校对创业师资需求的增加，博士阶段的创业项目还在不断增加；拥有 18 个创业学系。

同时，高校创业项目也是吸引民间资助的重要途径。商学院是获得企业捐赠的重要单位之一，而针对创业项目的捐赠几乎占一半。创业领域比过去获得了更高的地位和更多的资源。

（二）美国高校创业教育模式

社会学认为，模式是研究自然现象和社会现象的理论图示和解释方案，也是一种思想体系和思维方式。在科学研究中，模式被看作对某一过程或某一系统的简化与微缩式表征，目的在于使人们能够形象地把握那些难以直接观察或过于抽象复杂的事物或对象。换句话说，人们通过各种模式来了解世界，并对存在的世界进行感受和推论，对现象加以组织使其条理化，以便更清晰地解析现象中的各种情况。

创业教育模式主要考察的是人们对创业教育的理解和把握。高校作为一个社会机构和组织，创业教育的建立应该更关注大学机构、政府和市场/社会之间的相互作用，我们可以借助美国学者亨利·埃茨科维兹教授所提出的“三螺旋理论”来对美国高校创业教育模式进行分析和解读。亨利·埃茨科维兹教授从社会学的视角来研究创新活动的组织实现问题。他把大学、产业、政府三方看作社会活动角色，它们不仅是创新的要素，而且还是活动主体。在一些政府作用很强的国家或地区，创新主要由政府主导，形成“国家干预主义模式”，而政府作用较弱的国家或地区则依靠市场力量，逐步形成“自由放任主义模式”。美国是典型的市场引导的自由放任主义模式，高校创业教育的发展主要得益于市场力量的驱动和高校自下而上的改革。

首先，美国拥有世界上数目最多的顶级大学，在知识创新方面相对于产业和政府而言，有得天独厚的条件和优势，而新知识是新技术和新产业诞生发展的前提和基础。此外，高校良好的校园文化氛围也对创业教育的发展有着推波助澜的作用。校园文化既体现为一种观念，也体现在学校的制度和物质环境中，它对创业素质的提升具有整体引导、塑造和培养的功能，具有耳濡目染、点滴渗透的效果。高校倡导创业教育的文化氛围，对学生思想行为可以产生持久而深入的影响，并能有效地诱发受教育者的某些创业意识和心理品质。

其次，美国社会具有比较深厚的创业文化。实践证明，文化背景对于创业会产生深远的影响。除了良好的校园文化环境外，社会文化环境也在很大程度上影响了大学生接受创业教育的主动性和积极性。美国文化传统崇尚个性、自由和独立，鼓励通过个人奋斗获得成功；具有浓厚移民文化底蕴的美国文化汇聚和融合了多种文化，多元文化的熏陶使得美国人具有敢于挑战与冒险的创业精神，而且整个社会重视和支持创业、宽容失败，从这个角度理解，美国是一个真正的创业型社会。

大学生打工已是美国文化的一部分，美国大学生在校读书期间，利用课余时间打工赚钱（半工半读）已成为一个普遍现象。在全美大学生中约有 54.1% 的学生是属于半工半读类型的，尽管打工的时间长短不同，但打工已成为大学生减少家庭负担、经济上逐渐独立的重要手段。半工半读是很好的创业训练，可以让大学生学习和了解现实世界的人情世故，在社会上学习如何与人打交道，培养吃苦耐劳、敢于挑战的创业精神。可见，创业教育早已在美国高校生根发芽。

再次，美国政府的政策支持。在过去的半个多世纪里，美国联邦政府提供的资金极大地帮助了大学的发展，使得高校此方面的研究成果不断“溢出”，有力地促进了大学的创新活动。为了鼓励小企业充分发挥其技术潜能，提供激励以推动小企业技术创新的商业化进程，1982 年 7 月，美国国会通过《小企业创新发展法案》（SBIDA），实施了“小企业创新研究计划”（SBIR）。经过几年的试验，许多高技术小企业得到迅速发展，大批高技术成果开发成产品并推向市场。美国国会于1982年通过了《小企业发展法》，明确规定国防部、教育部、商务部等政府部门每年拨出其研究与发展经费的1.25%，用于支持高技术小企业的技术创新与开发活动。1992年，国会对这个法律进行了修改，将比例提高至2.5%。现在，每年SBIR项目的可用资金已达到12亿美元。税收政策一直都是影响美国创业投资业发展的重要因素，联邦政府及各州政府都制定了创业投资的税收激励政策。美国政府在1978年将资本利得税从49%降至28%，当年美国的创业投资额增至5.7亿美元。1981年，联邦政府进一步将资本利得税降至20%，带来了创业投资行业的第二次繁荣。2000年推出的《新市场税收抵免方案》（NMTC），规定投资者如果投资促进低收入地区发展的“社会发展基金”，可以从所得税中获得税收抵免。

最后，社会企业界和基金会的资金支持。美国是风险投资的发源地，美国企业文化的特征是创新和竞争，美国政府专门设立了国家创业教学基金来推动创业教育的发展。通常而言，美国高校创业教育的资金主要来自私人和基金会的捐赠。美国的创业者往往将自己的成功归因于高校的培养，针对自己在创业过程中碰到的难题，这些创业者认为如果在高等教育阶段就有机会系统学习创业课程和参与创业活动，也许这些难题就能迎刃而解。因此，美国创业者热心支持高校创业教育。

经国会授权，联邦小企业署与7000多家商业银行合作，为中小企业提供贷款担保。通常联邦小企业署为少于15万美元的贷款提供85%的担保；为15万—200万美元的贷款提供75%的担保；对于出口项目还可提供高达90%的担保。此举为大学毕业生自主创业提供了创业资金保障。

众所周知，美国是联邦制国家，高等教育是属于地方政府掌管的事务，联邦政府不进行干预。但是借助其发达的市场机制和灵活的高等教育运行机制，美国政府以发展创业投资基金、支持中小企业发展等市场化策略，促进风险投资事业的繁荣，从而为创业教育提供了丰富的实践来源和雄厚的经费支撑，并通过设立基金形式推动了创业教育的发展。

（三）美国高校创业教育的组织模式

美国高校开展创业教育主要遵循两条轨迹。一是以创业学学科建设为目标的发展路径，主要采用聚焦模式，代表性大学有芝加哥大学、哈佛大学、宾夕法尼亚大学等；二是以提升学生创业素质和创业能力为本位的发展路径，主要采用全校模式，即创业课程和活动面对全校学生开展，代表性大学有百森商学院、康奈尔大学、麻省理工学院、斯坦福大学等。全校模式又可分为两种模式：磁石模式和辐射模式。可以按管理机构与职能、资源、师资、学生等角度区分创业教育三种典型的组织模式，即聚焦模式、磁石模式和辐射模式。

相关研究结果表明，不同模式的创业教育都可以发展成为顶尖的创业教育项目。美国高校的创业教育正是在多样化创业教育模式的推动下，既保证了创业教育的广泛开展，又保证了创业教育项目的较高水准。哈佛大学（聚焦模式）特别强调团队合作和过程意识，使学生相信他们能够成为创业者；在创业教育案例中引入各种类型组合和年龄段的创业者，使学生在创业过程中获得认同感，使学生相信创业管理不仅来自灵感，还包含很多艰辛，学生必须随时拥有风险意识和警觉性。百森商学院（磁石模式）为大学生设计了循序渐进的“入门—促进—定制路径”创业项目；将创业研究放眼全球，随时敏锐感知全球创业环境的变化，以卓越的创业研究保障其创业教育的全球领先地位；开设多样化的外延拓展活动，如创业名人堂（构建学生与创业者沟通的平台）、普瑞斯—百森伙伴项目（培养全球的创业教育者）、创业计划大赛（鼓励学生将创意转化为创业实践）、孵化器（孵化学生创意）、智囊团（提供创业指导）等。康奈尔大学（辐射模式）认为每一位掌握了创业技能和相关知识的学生，能够对任何工作环境产生重大价值；因此，康奈尔大学努力创建一个遍及整个大学的创业项目，在每个学院、每个领域以及每个阶段培养每位康奈尔人的创业精神；9 所学院院长组成“创业精神和个人创业项目”（EPE）管理委员会，统一协调和指导全校的创业教育活动；9 所参与学院的教师根据专业特征设置创业课程，使创业教育更加契合学生的需求。

（四）美国高校创业教育的师资建设

美国是创业教育的发源地，创业教育取得如此成功与其强大的师资队伍是密不可分的。美国创业教育师资力量雄厚，呈现出师资队伍多元化的特点。

1. 美国注重创业教育师资的“专兼”结合

美国创业教育师资力量最为突出的特点就是“专兼”结合，即创业教育的师资队伍由专业的创业教育老师和校外有创业经验并取得一定成就的人士组成。这样的组合既避免了纯粹的创业理论教育，也吸引了同学的兴趣并能更好地把理论与实践经验相结合。例如，百森商学院有 35 名专职从事创业教育和研究的教师；伯克利大学有 20 名教师从事创业教育工作，并且聘请企业家、创业企业 CEO、大型公司高层管理人员等作为其兼职教师。有学者研究发现美国创业教育师资目前具有创业管理经验的教授已占很高比例，尤其是创业实践课程比例已达到 98%，而创业理论课程的教师更多的是专职的创业教育教师。校外有创业经验的兼职教师比例不断提高，可以加强学生的创业实践环节。

2. 美国注重创业教育师资的实践经历

美国高校积极鼓励教师从事创业实践活动，斯坦福大学校长约翰·汉纳森教授就曾离开学校创办企业，学校因此为他一直保留教授职位。美国创业教育师资的力量在不断增强的同时，具有实践经验甚至已经创办企业的教师成为创业教育的主要师资来源。同时，美国在创办企业过程中的调节管理性障碍很少，创办企业通常不困难、不费时、花费不高，这类创业延伸政策拓宽了创业师生获得创办企业服务和资金资助的路径。

3. 美国注重创业教育师资的培训与发展

创业教育质量的好坏很大程度上与师资队伍专业化水平有关，因此设立专门的教师培训机构、对教师进行专门化培训也是美国高校的重要功课。例如，1984 年创立的“普莱斯—百森项目”，从成立至今已经培训了将近 52 个国家的 495 个学术机构及政府组织和基金会的 1690 名学术人员，这些学术人员给世界创业教育师资力量注入了新的血液。与此同时，美国高校还会组织创业教育研讨会、创业论坛等来为创业师资队伍提供一个信息共享与交流的平台，让创业教育的教师分享经验，彼此借鉴。

4. 美国注重创业教育大师的精神引领

美国在这么多年的创业教育过程中产生了许多创业教育大师，如波士顿大学的蒂蒙斯、卡耐基梅隆大学的宝曼、密歇根大学的布洛非等，这些大师是精神上的导师，带动着全美的创业氛围，激励着一代代学生创业者去开拓新领域、激发新思维，美国创业教育取得如此成就离不开创业教育大师的功劳。

（五）美国高校创业教育课程体系与教学模式

美国高校的创业教育激发了大学生的创业思维与创新精神，培育了创业文化，促进了经济的高速增长，这些成就是和美国高校健全的创业教育课程体系与教学模式息息相关的。具体来讲，美国高校的创业教育课程体系与教学模式具有以下特点。

1. 创业课程开设早，开设高校众多

根据所罗门（Solomon）等人关于全美高校本科层次的创业教育课程开设情况的研究结果显示，早在 1979 年，美国已有 127 所高校在本科层次开设了创业教育课程，1982 年增加到 315 所，1986 年为 590 所，1999 年达到 1060 所，截至 2005 年年初，已有 1600 多所高校开设了 2200 多门创业课程。目前，美国大约有 1800 所大学开设了创业方面的课程，有 100 多个创业中心。

2. 创业课程包括大通识课程、学科课程和活动课程

创业教育被认为是一种理想的通识教育内容。为所有学生设计的“创业基础”课程能够探索或解释核心文化价值如何体现在广泛的人类活动中，如经济、法律、政策、

文化、宗教等领域，探索这些领域如何合作以促进创业成为美国社会的常规活动。美国的本科教育建立在学科的基础之上，不同学科可以发展出独特的创业内容，将创业融入不同的学科具有广泛的发展前景。例如，历史学可以阐述创业者在人类历史长河中的作用，文学可以为学生提供精彩的创业故事，政治学可以整合政策对创业影响的相关内容。创业的实践性本质决定了创业教育不可能局限在教师内部。美国高校通过多种多样的活动课程，为学生提供良好的外部环境。一些学校开设了专门的办公室或工作场所使创业的学生能够找到所需的信息、财务、人力等各种资源。

3. 美国高校创业教育课程主题多样

创业教育课程所涉及的主题主要包括创业意识类、创业知识类、创业能力素质类、创业实务操作类等，学习内容包括商业机会判断力、知识产权、合同与交易、产品开发、市场营销、创业经验的积累、危机管理等。

4. 各大学的创业课程各有侧重，自成体系

这主要体现在以下几个方面：哈佛商学院、百森商学院、哥伦比亚大学、斯坦福大学等高校的创业教育属于综合性的；麻省理工学院、仁斯里理工大学、加利福尼亚大学伯克利分校等高校的创业教育侧重于高科技创业；印第安纳大学伯明顿分校、科罗拉多大学波尔德分校强调新企业创立和创新领域；华盛顿大学圣路易斯分校的创业教育主要方向是大型机构创业和创新、生命科学应用；路易斯安纳州立大学的创业教育主要面向连锁经营、家族企业以及妇女创业。

5. 大多数大学将创业作为一个专业领域或研究方向，有健全的课程体系

比如，百森商学院设有创业类课程教学大纲和外延拓展规划，课程分为公共选修课程与专业核心课程。公共选修课程面向所有学生，内容涉及文学艺术、外国文化、自然科学、历史研究、社会分析及伦理道德六大领域，体现科学与人文的有机结合。专业核心课程包括资源需求与商业计划、战略与商业机会、创业企业融资与快速成长、创业者四个部分。课程内容以模块为结构，主要包括基本理论、案例分析和模拟练习等模块。

6. 教学模式注重理论与实践相结合，突出学生实践能力培养

美国高等学校创业教学模式注重理论与实践紧密结合，学校会吸收一些既有一定创业经验又有资深学术背景的社会人士担任兼职教师工作。例如，斯坦福大学开设的“创业管理”课程，就由学校专任教授和兼职教师两人共同开设，“技术创业”和“创业机会识别”则由三位客座教授共同开设，这些客座教授或兼职教师无一不有丰富的创业和企业管理经验。其中，“创业机会识别”课程的任课教师指导选课学生组成商业计划开发团队，他们还帮助学生聘请有创业投资经验和丰富创业经验的业界资深人士

担任顾问。教师指导学生确定商店选址、设计店面、取名、做预算、商定销售目标、开发广告等活动，让学生充分体验创业活动。

7. 教学方法多种多样

教学方法主要有论证、商业计划书、个案研究、研究计划、实习、计算机模拟等。例如，加利福尼亚大学洛杉矶校区同时邀请几十位创业成功人士同选修创业课程的学生小组结成互助对子，对小组创业计划进行指导；百森商学院设立“创立人之日”，当天邀请著名的有影响力的创业企业家到校同学生座谈交流，并成立杰出创业家协会。英特尔公司前任首席执行官格罗夫就受聘担任了斯坦福大学商学院兼职教职，每年讲授一门或两门课程。资深兼职教师的受聘加盟，为大学创业教育提供了新鲜的血液，极大地增强了美国高校创业教育的实效性。

创业教育是通识教育的一种理想形式，可以应用于许多学科领域，让学生学习社会组织、文化价值、经济政策、法律实践等影响人类行为方式方面的知识。创业教育可以将毫不相干的学科自然而然地结合在一起。

美国的本科教育是围绕学科专业进行的，专业学习的重要性要等同或超过通识教育。专业教学是教育学生知识与技能的最佳途径，专业课程提高了学生分析问题和解决问题的能力。如果创业教育能够塑造专业教育，那么创业教育将对高等教育产生更加深远的影响。学生可以去探索、体验“由理解到创新”的创业精神，用学习到的专业知识进行创业，加深理解专业中新的理念。然而，创业教育与专业教育的整合是很困难的。如果要使专业变得更能够体现创业的特点，必须争得学术指导与学分管理部门的认可，还需要重新研究专业的学习效果、建立新的教学目标和方向。

高校的创业教育不仅仅局限在课堂，课外教育环境也十分关键。如果学校的氛围是认真对待和支持创业的，有兴趣创办企业的学生就可以从中受益。一些大学设立专门的办公室和工作室，让学生创业者能够获得创业信息，找到创业伙伴。同时，学生创业也为校园带来独特的活力，使校园充满动感，为校园文化增添了丰富而影响深远的内容。

二、法国高校的创业教育

法国现有 400 余所高等院校，在校学生 100 多万人。高等院校为学生提供不同类型和多种形式的学习课程，包括短期学习课程、长期学习课程和职业技术教育课程。根据学校的培养目标、招生制度、教学安排和行政管理等特点，高等教育分为三大体系：第一类是综合大学（University）。综合大学由国家管理，规章制度严格，经费统拨，教师聘任终身制。综合大学因招收所有通过普通高中毕业获得学士文凭的学生，被称为开放式学校。第二类是高等专业院校（大大学 Grande cole）。大大学通常规模不大，管理比较灵活，经费来源广泛，由部门垂直领导，教师录用依据定期合同：它因招生考试的严格，被称为封闭式学校，法国的高中毕业生要经过两年的预科学习，通过选拔考试后才能进入大大学学习。第三类是普通私立学校和各种职业培训学校，这类学校与人才市场紧密结合，学生的就业率相对较高。

在注重职业教育和就业指导的同时，法国高校非常重视创业能力的培养和创业精神的传播，这对于提高法国的竞争力特别是促进法国经济增长来说至关重要。高等教育与研究部保留了在高等教育中促进创业引导、创业教育的工作轴线。2001 年分别负责研究、教育和产业的各部委和创业事务局（APCE）、创业科学院联合建立了一个创业教学实践观察室。创业教学实践观察室宣传创业教学实践和创业教学举措，评估创业教学举措的影响，特别是教学方法方面举措的影响，帮助教师和机构进行选择；为教师提供数据库服务，其中教学工具达 30 多种，大部分面向高等教育。

创业精神传播的另一个主要途径是大学间创业联合会（另称“创业之家”）。每一个大学间创业联合会都在同一地点或同一地区的高等教育机构内建立，主要目标是促进机构间的联合立项、推广创业精神。各联合会开展的主要行动是对学生的教育和对教师的培训。面向学生的创业教育以讲座和研讨会的形式开展，设立选修创业课程并将其纳入大学课程设置。

（一）法国高校创业教育的发展历程

法国的创业教育起步较晚，第一所开设创业课程的高等学府是巴黎高等商学院（1976 年），此后仅有几所大学在硕士研究生阶段开设了管理课程，直到 20 世纪 90 年代创业教育才开始在法国真正崭露头角，

1997 年，创业教育领域的教师和研究人员共同组建了创业学院，该机构设立在法国国家企业管理教育基金会（FNEGE）旗下，有五条重要的工作原则：一是在教育的各个层次及终身教育领域鼓励创业；二是开发并推广创业教育的教学法；三是促进科技发展及其成果转化；四是促进国际创业教育机构之间的交流；五是促进各类教育机构开设创业课程，刺激政府出台相关的公共政策。1999 年，法国政府颁布了《创新与科技法》，鼓励大学教师、研究员、博士生及技术人员积极参与科技创新，将研究成果转化为生产力。同年，法国政府设立了“年度全国创新技术性企业规划设计比赛”。参赛者要向评委会介绍其项目计划、可行性及市场远景等，获奖人员可获得政府提供的资金和技术支持。2000 年，政府还出资支持 1000 多个大学与企业合作的孵化器，参与的企业共 800 多家。2001 年，为了继续促进创业，法国研究与工业部成立了创业教育实践观察站（OPPE）。如今，OPPE 已经成了为大学教师及学生创业进行服务并提

供资源的重要机构，还在比利时、加拿大等法语国家设立了分站点。

2002 年，罗纳—阿尔卑斯行政大区的大学合作创办了“创业之家”，该机构旨在沟通地方各个大学，培养学生的创业精神和创业意识，大学教师或学生都可以在“创业之家”学到有关开公司以及项目运作的各类知识，同时还可以与企业界人士交流，获得创业建议。随后，法国利穆赞、加莱海峡、卢瓦尔河地区、普瓦图—夏朗德、普罗旺斯以及阿尔卑斯—蓝色海岸大区也相继建立了“创业之家”，国家每年为它们提供 15000~20000 欧元的资助，与其合作的企业还可以享受国家在政策上提供的优惠。

为了促进就业，鼓励居民增加个人收入，2008 年 8 月 4 日法国公布了新的《经济现代法》。法律规定自 2009 年 1 月 1 日起，国家允许个人，包括工薪阶层、失业退休人员及在校大学生从事营业活动，成为个体经营者，其申请手续简便，并且可以享受国家相应的税收优惠。2008 年 8 月，法国议会通过了《大学自治与责任法》，该法在重新定义大学职能时，要求大学对学生进行职业导向和入职教育，并发展创新教育，促进科研成果转化为生产力。据统计，2009 年共有 32 万人注册为个体经营户。

2009 年 11 月，法国高等教育与研究部就大学生的创业态度进行了电话访问，结果表明:有 55% 的大学生都认同个体经营，其中 81% 认为这一政策有助于大学生创业。也是在 11 月，欧洲商学院承办了第一届法国“创业日”，法国高等教育与研究部部长贝克莱斯及负责工商手工业、中小企业及消费领域的国务秘书埃尔维·诺维里出席了开幕典礼。他们指出，法国的发展需要愿意投身于中小企业发展的高等教育人才，不管他们是自主创业还是在现有的中小企业中工作，这些年轻人可以把创新力带到企业中去，从而改变整个经济的面貌。

为了让所有高等教育机构都能够将创业精神、创业课程和创业服务融入教学生活中，法国政府提出五条措施：①高等教育与研究部和法国经济、工业与就业部共同投资 20 万欧元用于建立大学生创业中心，特别是设立在高等教育与研究中心内的创业中心。这一中心应该由高等教育机构（大学或“大学校”）及地方企业网络（公司网络、公立或私立的孵化器、咨询企业、金融企业等）共同组建，负责引导学生进行创业，包括组织创业活动、支持创业课程、提供创业咨询等。②每所高校创立一份《创业参考》，引导学生进行创业规划。③将全国大学生创业竞赛“一起来创业！”作为一项长久措施保持下来，2010 年，该项赛事由法国孵化器网络（RETIS）、法国大学校长理事会、法国大学校长委员会共同组织，共有 1000 名大学生参赛。④由国家青年公司联盟（CNJE）支持在每所大学内建立一家“青年公司”，由学生和校友共同运营。⑤国家将派专职人员来协调各地创业教育组织，该负责人将与法国大学校长理事会、法国大学校长委员会、工程师教育委员会共同促进创业教育的发展。另外，高等教育与研究部还设立了专门网站为大学生提供创业信息。

（二）法国高校的创业教育模式——以巴黎中央理工大学为例

巴黎中央理工大学除了将创业教育融入日常教学之中，还设立了专门的创业课程引导学生进行创业实践，比如第二学年开设的“主题”课和第三学年开设的创业课。创业课是巴黎中央理工大学的特色课程，旨在帮助有创业计划的学生能够在毕业后创办自己的公司，开课时间为每年 4 月和 9 月，每次持续两周。教学内容包括从创办公司和公司管理的角度对战略决策、市场财务进行综合性讲解，培养学生的创业者气质和能力。例如，全盘地考虑问题，质疑接收到的信息，学会创新性思维，树立自信，学会如何说服别人，学会团队管理，进行挫折教育等。

创业课会特别聘请一些企业总裁，特别是企业的创始人亲自传授经验。课程结束时学生要向专家评审团陈述其创业计划，一年之内每个计划都会有一名专家跟踪指导。参与该课程的学生，其职业往往有三类走向：自己创业、在创业型企业工作或者在传统企业的研发部门工作。

2001 年，巴黎中央理工大学成立了自己的孵化器，旨在支持本校教师、研究人员、学生及校友的创业计划，孵化器的企业配合学校的创业教育，为学生创业计划提供支持。2007 年，巴黎中央理工大学对其教学大纲进行了修改，进一步明确了其教学培养目标：让学生能够迎接新挑战、具备可持续发展观和社会责任感；接触各国文化；为进入工业界做好准备，在学习中积极参与项目，培养处理具体问题的能力，能够学以致用，尽快进入工作状态。学校非常重视对学生创业与创新能力以及执业能力的培养，并开展了一系列教育创新。例如，新生入学之后并不是马上开课，而是要参加两个星期的研讨会，充分认识当今世界的一些“挑战”，并了解自己的兴趣所在。2007 年“挑战”课共有 7 个主题，分别是能源、环境、信息与知识、健康与生物技术、城市化、交通与流动、经济变动。基于通用工程师的培养理念，学生在第一年只学习通识课程，自第二年才开始个性化学习，但即便如此，学生在第一

学年也会被随机分成小组参加实验室或公司的项目，以培养团队精神，学生还可以参加职业发展与领导小组，第 1 学期授课 51 小时，第 2 学期授课 34 小时。另外，所有学生在毕业前都应参加公司实习。

欧洲委员会认为，只有少数人生来就是创业家，但是创业教育却可以激发年轻人的创业理想。学校应该让那些愿意自主创业的年轻人掌握基本的技术和市场能力，以帮助他们实现这一愿望。创业不应仅仅看作自己开公司，事实上，创业是每个公民日常生活和职业生涯取得成功所应具备的一种普遍素质。法国高等教育与研究部部长贝克莱斯指出，创业教育不应仅限于某些学校或某类专业，而应成为整个高等教育的一

部分。大学应该与企业合作，实现教育与就业之间的协调，人文与社会科学同样可以带来价值的创新。博士生培养中的选题、质疑、发掘问题、深入思考以及艰难决策同样是创业精神的体现。

（三）大学间创业联合会——以格勒诺布尔大学为例

格勒诺布尔大学间创业联合会的工作任务围绕三条线展开：①在创业宣传方面，加强大学对企业界的开放，树立创业标兵，在创业的文化抵触方面加强工作，提倡创造性，鼓励构想创业点子；②在教育方面，加强学生领导项目、创立公司的专门能力，教导学生建立商业计划，为学生提供有关各种帮助、扶持机构和资金支持机构方面的信息；③在完善学生创业计划方面，跟踪学生的创业计划或再创业计划，向创业学生提供建议，吸纳他们加入由大学价值提供机构、创业跟踪及资金支持机构等形成的网络，跟踪大学生新创公司的发展。

大学间创业联合会旨在促进格勒诺布尔各机构彼此之间互相交流经验，如课程设置、案例分析、游戏、教学资料、创业案例数据库等。自 2002 年开始，格勒诺布尔大学间创业联合会受高等教育与研究部之委托，负责在全国范围内协调现有的大学间创业联合会所开展的活动。大学间创业委员会与各大学科学学院、技术学院的培训中心和教育媒体签署了合作协议，传播面向创业培训师的创业培训包。创业培训包由格勒诺布尔大学间创业委员会建立，包括一个文件夹、一张光盘、一份创业计划书、一份培训支撑材料、一份组织者手册和一个商务计划书模板。

自 2004 年开始，各院校开始在大部分课程中推行创业教学（18—60 小时的课程）。许多教学单位都在学士课程或硕士课程中添加了创业课程，主要课程有创业导论（创办企业的最基本知识）、探索企业（企业的组织和经济问题）、项目建设与实践创业（在实践中学习如何协作及如何做项目）、建设企业创办商业计划（可采用模拟创业模式）、企业的再创业与企业转让（许多企业领导人将会转让他们的公司）、创业创新与创意（作为创业资源的创新和创意）、创业谈判（如何成为一名合格的中间商）、商务英语与创业（将业务范围拓展到国际层面）。这些课程总共有 24 小时的课堂教学和 36 小时的个人工作实践。

格勒诺布尔大学间创业联合会鼓励创意和创业的赛事有最佳点子挑战大赛、创业杯竞赛、青年大学生创业大赛等。2008 年 9 月举办首届最佳电子挑战大赛。学生们以填写问卷的形式参加大赛，描述创业点子、由来和动机、实用性、满足的需求、闪光点、产品或服务、目标、关联性内容等。评审的标准是原创性、创新性、现实性、可行性、论据的关联性和质量、与项目的整体协调性等。获奖点子“超市”：根据顾客的营养问题（糖尿病、肥胖症、过敏等）提供相匹配的产品、建议和饮食。

2009 年第七届创业杯竞赛中，最创新计划是推广个人之间季节性租赁的“互信（OUT RUsr）”网站；最现实计划是设有儿童活动区的家庭茶室巴达茶（Pata’tea）；最佳团队计划是自然蒙古包（Yourt’nature）计划，在 Vercors 地区自然公园发展构建一个以蒙古包旅店为特色的村子；最受观众欢迎的计划是动身度假计划和电动车租赁计划。大赛获奖选手获得“创业大奖”证书，并获得 300 欧元的奖励。

2009 年法国首届青年大学生创业大赛中，青年大学生创业奖（奖金 3000 欧元）是由 Faery &Fiend 设计的产品获得。该产品可让吉他手通过在触摸屏上画曲线来个性化设置自己的音色；最佳资金配套特别奖（奖金 1500 欧元）是由 Viherio 热学研究办公室获得，专门研究大楼内的能源最佳利用；社会经济与和谐经济特别奖（奖金 1500 欧元）是由 Esca 展览服务与承包协会获得，所营造的生活空间允许尽可能多的公众参与；可持续发展特别奖（奖金 1500 欧元）的获得者是 LLK 体育公司，其管理与经营理念是尽可能减小体育赛事对环境的影响。获奖选手只要真正进行了创业，便可获得相应的现金奖励。首创精神、自主性、创新性是任何一个专业的学生都应拥有的能力。联合会鼓励学生以创业开始职业人生，所有的活动都是为了促使学生有一个美好的职业人生。对于有创业点子或实际创业计划的学生，联合会采取跟踪扶持机制，为学生设立一名顾问，在产生点子、做项目、实际创业的全过程中提供咨询服务。

格勒诺布尔大学间创业联合会在以后的发展中，让学生和教师更加清楚地认识联合会的活动，在各机构和劳动市场更加突出创业技能的重要性，采用更多的方法服务于创业，不断扩大活动范围。

（四）实践教育的典范——以高等专业学院为例

根据英国《金融时报》的调查，在 2006 年欧洲 25 所可颁发管理类硕士文凭的高等商校的排名中，法国的商校不仅有 7 所入选，而且有 5 所位居前十名。《金融时报》的这项排名既是对法国高等教育优异质量的确认，也是对法国特有的高等专业学院这一精英培养体制的某种承认，它说明法国的高等专业学院课程计划不仅能在一体化的 LMD 欧洲教育体制中占据一席之地，而且还具有很大的竞争优势，甚至在某种程度上正形成一种欧洲标准，这是世界高等教育的卓越代表。

高等专业学院在教学上专业性很强，重视教学与实践的结合，以培养各类应用型高级技术和管理人才以及社会各界的精英而闻名于世。围绕着教育与企业和实际的紧密结合，高等专业学院在课程设置、教学手段、实践实习等方面体现出以下特色。

（1）教学计划注重应用性，实施开放式教育，不指定教材和课本，具体内容由任课老师决定，上课老师发讲义，任课老师将本专业领域内取得的最新进展编入讲义，结合企业的实际情况，使学生及时获取最新知识和企业动向。在没有课本的情况下，学生必须认真听取老师的讲授内容，在做好课堂笔记的同时还必须查阅有关资料，因此学生需要有非常好的记笔记的能力，这样也培养了学生自主学习能力。

（2）鼓励创造性思维，课堂气氛活跃，教学方法灵活，学生的参与程度高。一个班大约 20 人，便于教师与学生、学生与学生之间的互动和交流。课堂上每个学生都有多次与教师互动的机会并且可以随时向教师提出各种问题，课堂气氛活跃，充满乐趣。发现教学贯穿于整个教学过程之中。所谓“发现教学”是指在教师的启发诱导下，学生通过对一些事实事例和问题的独立研究、积极思考，自行发现并掌握相应的原理和结论的一种教学方法。发现教学最普通的具体实践形式便是各个商学院或工程师学院的众多的学习小组。学生一般以 4~5 人分成一组，无止境的模拟仿真环境、讲演和辩论。小组对抗等教学模式几乎贯穿于整个学习阶段的每一门课程，在每次的分组工作中，大家不仅各司其职，而且团结合作。

（3）注重将企业实习纳入大学课程，重视实验和实践性教学，使职业教育贯穿整个教育过程。实习是典型的法国教育特点，它使学生融入职业环境的深度以及适应企业环境的能力远远超过其他国家。在法国，无论是在综合大学还是在高等学校或者其他分支机构，学生都必须到公司实习，学校设置企业联系部，负责为学生提供实习机会，帮助学生实践课堂所学的内容。根据大多数学校的规定，学生必须在企业实习一个假期或者整整一年，这一年被称为“职业活动年”。学生在企业做完实习后，要求写实习报告。实习报告有严格的要求，如页数的最低限制、摘抄的内容和图表的数量限制等，学生还需要对所写的实习报告进行答辩，答辩通常由学院一位课任老师、一位专业老师和企业的实习带教老师参加。

（4）师资来源广泛，教师教学及实践经验丰富，流动性强。高等专业学院由于其大部分专业学院或属于工商会，或属于私立性质，这使得学院有更多的自主性和自由资金聘请需要的老师。这类学校的教师几乎 70% 以上都是外聘的经验丰富的企业高层主管、高级工程师、企业家或职业经理人，这些人也是各自所在领域的专家，他们的教学目的明确且实际，能够非常有效地解决学校中常见的理论与实践脱轨的问题。

（五）创新型企业孵化器

1999—2008 年，处于运营中的 29 个孵化器共孵化了 2316 个项目：690 个项目正处于孵化中；1626 个项目（占 70%）完成孵化，其中 1126 个项目创办了企业，500 个项目并未创办企业，平均孵化期为 20 个月左右。在总计 2316 个孵化项目中，922 个（42.8%）来自公立机构，1215 个（52.5%）与公立机构的实验室建立了一次以上的合作，109 个（4.7%）与公立机构无任何关系。

孵化项目在技术领域的分布每年变化不大，按 2008 年的数据分析，生命及生物技术科学（32%）、信息及通信技术科学（36%）、工程科学（27%）领域的比重较大，社会科学（5%）比重较小。

孵化项目申请人中，男性占 88%，女性占 12%，每年变化不大。申请人的年龄，按 2008 年的数据分析，25—35 岁（24.8%）、36—45 岁（36.4%）较多，46—55 岁（15.9%）、55 岁以上（5.8%）、25 岁以下（7.1%）都比较少。

由于项目科学水平比较高，项目申请人受教育水平也非常高，硕士以上占 69.4%，本科占 21.3%，专科占 6.9%，高中以下占 2.4%。公司领导层女性人数在 2007 年仅占 9%，2008 年上升至 11.6%。

得到孵化器跟踪扶持的企业存活率比较高，达到 84%，1998 年的存活率只有 50%。企业停止经营的原因是多方面的，如企业注销（54.1%）、司法清算（32.5%）、因资产不足而关闭（6.2%）、企业解散（4.1%）、法律上依然在经营但实际上无经营活动（2.6%）、转让计划（0.5%）。

孵化企业的资本不多，2007 年，60% 的企业资本低于 7.5 万欧元，19% 的企业资本超过 15 万欧元。各个企业的资本来源与往年没有太大差别，70.2% 的企业的启动资本来自企业创办人，当然还有商业投资天使、企业启动基金、风险资本、银行等其他渠道。

三、英国高校的创业教育

提升创新和创业的水平以培养一个更加具有竞争力的经济体是英国政府努力的重点。意识到发展创业潜能重要性的大学都将重点放在发展学生相关技能和知识上，这些技能和知识能够使学生通过提供可转移技能对其参与的团体进行商业创新和创造。创业教育的作用在于激励、提供信息和帮助实践。人们对自己的信心对其走上创业道路至关重要。为了提高创业技能水平和渴望成功的动机意识水平，必须以提高课程和教学项目来影响学生的自我效能感和自信心。创业教育的教学形式和课程对提高自我效能感的作用同等重要。简明案例的综合学习、书面案例研究、与企业家积极互动、基于行为学习的团队活动等教学形式都非常重要。

（一）英国高校创业教育的发展历程

20 世纪 80 年代以来，英国高校创业教育发展举世瞩目，治理模式、经济因素、大学组织转型和欧盟区域环境等因素促使英国高校创业教育超越传统、实现变革。

青年就业问题是英国保守党和工党政府普遍关心的重大经济和政治问题。1983 年 2 月，英国有 13.5% 的劳动力失业，失业青年占 45%~65%。从 1981 年开始的“青年培训项目”效果并不理想，受训者再就业率十分低下，而失业率居高不下，1992 年失业率仍为 10%。政府在就业培训中更加强调自我雇佣（self-employment）的创业培训，培养创业意识，传授创业知识，开发创业能力，并配之以相关的鼓励创业的优惠政策。

近 20 年来，英国高校发展的环境条件发生了变迁，特别是由经济衰退、失业率居高不下、大学学费激增等引发的巨大压力。2000—2005 年，学生人数增长突破 50 万，增长率达到 35%，使得本已饱和的工作岗位竞争更加激烈。据统计，2009 年有 10% 的大学毕业生未就业，比 2008 年的 8% 上升了两个百分点，有 45% 的英国大学毕业生认为就业“前景不妙”。面对以上问题，新工党政府强调对失业的预防，为求职者提供扶助而不是施舍，鼓励教育和培训，提出“教育，教育，再教育”的口号，把教育置于特别优先的地位，在全社会倡导创业精神和创业文化，为创业教育的有效开展提供了良好的政策基础。新工党政府因地制宜地提出要发展经济，不仅要改变过去一味地放任自由和完全的国家干预，而且是通过产业界、雇主和雇员以及公营和私营部门之间的伙伴关系基础上的市场经济来实现。通过布莱尔政府与工商界逐步走向良性互动，促使工业企业参与并支持高校创业教育。

1998 年，英国贸工部建立了英国企业孵化中心（The United Kingdom Business Incubation，UKBI），它主要通过提供服务、信息、技术、组建平台等途径，促进大学科研成果的转化、加速企业孵化过程、帮助企业规避风险等。目前，不仅牛津大学、剑桥大学等久负盛誉的学府积极发展大学科技园，新型的、创业型大学——沃里克大学更是积极投身大学科技园的建设与发展之中，此外，圣约翰创新中心、伯明翰科技园、曼彻斯特中英创业园、萨雷大学科技园、赫尔大学科技园、利兹大学科技园、“苏萨克斯学术走廊”等对于促进大学科技转化、校企合作方面发挥了重要作用，在英国颇具影响。

整个社会对创业的持续关注并不是一时流行的狂热，这实际上反映了产业界、新科技以及全球化市场汇聚在一起，创造出一个全新的社会和经济环境，而创业正适应于这种新的充满风险和不确定性的环境。在全球化背景下，个人需要具备自立、创新、合作精神、责任感以及保证技能可持续的能力和应对变化的积极态度。社会需要的不仅是义务教育，更需要用高等教育和终身学习来提高劳动者的技能水平。

2008 年，英国出台了《创新国家》战略白皮书，明确将支持商业创新（Supporting Business Innovation）、强大的创新研究基础（AStrong and Innovative Research Base）、公共服务创新（Innovation in PublicServices）等 10 个领域确定为国家创新体系建设的重要内容，强调了高等教育系统在创新中的作用。英国创新、大学和技能部（DIUS）会同英国商业、企业和管理改革部（BERR）与全国创业教育委员会建立区域大学创业网络（Regionally-based University Enterprise Networks）。至此，英国高校创业教育被直接纳入国家创新战略，且表明两点发展趋势：创新是创业的起点与动力，是布莱尔政府的重要治理原则；创业教育丰富了创新的内涵，是推进创业行动的重要路径。

（二）英国创业型大学组织模式

创业型大学一般都成立专门开展创业教育的机构，如创业中心，履行创业教学和研究任务以及援助企业创建的任务。创业中心帮助所有学科领域的师生了解创业，提供适当的与学科相关的创业课程，在校内外开展各种创业项目。校园孵化器、科学园或研究园与创业中心密切相连，为学生提供创业孵化空间、技术支持、资金支持、咨询服务等援助。剑桥大学企业家学习中心的愿景是“普及企业家精神”，其宗旨包括着重为科学、工程、技术专业的学生提供企业家精神的实践教育，扩大教学范围；提供最好的企业家资源，这些企业家精神在课程中会充分涉及；提供适当且相关的企业家精神实践课程；通过审慎的资金运作，创造长期的、可持续的、鼓舞人心的学习环境。创业型大学建立跨学科研究中心，因为成功创业不仅需要工程学的科学知识，还需要心理学、经济学、社会学的理解与支持。大学的高层管理者全力支持创业教育，制定学校的创业教育政策，设立创业奖项，鼓励跨越学科边界的教学与科研，鼓励开展与知识生产和应用相关的工程导向活动。

创业型大学大力支持教师和学生创办企业，尽可能激发创业想法，促进创业团队的组建。大学致力向社会转化以及与多部门的合作，商业组织、工业部门、金融机构、国家和地区经济发展局的参与会提供多种机会，提高创业成功的概率。

创业型大学培养学生的创业行为、创业技能和创业态度以应对不确定性和复杂性，注重学生的情感智力的发展。教师帮助学生了解创业者在创业组织中的生活世界（Life World），学生可以通过采访或座谈来认识创业者的生活方式。适当的创业技能和知识是通过学习获得的，而不是教师教出来的。企业家精神的获得与实践关键是学生个人。课堂上，教师要脱离传统的功能模式，围绕组织发展过程来组织知识。教师还要让学生学会从与利益相关者的关系中学习，要学生识别在组织发展的每一个阶段，创业者需要从每一个利益相关者那里了解什么。企业家学习中心通过使学生学习创业技能和知识来提升他们的自信心和自我效能感，其教学方法重点放在行为表现上。

创业教育需要学生具有设计创业型组织以满足不同环境和不同需要的能力。创业型组织设计的指导原则包括建立和加强产权意识、增强自由和独立感、忍受模糊并能够直觉判断、鼓励建立利益相关者的关系网络、允许从错误中学习、避免严格划分等级的控制系统、鼓励战略性思考、作为建立信任的基础鼓励是与人接触等。

（三）英国高校创业教育的课程和活动

1. 创业课程

英国大学所提供的创业课程逐渐增加，但是各个大学根据自身的特点和特殊目标群体的需求，所开设的创业课程各不相同。诺丁汉大学创业课程的总体思路是以创新创业研究中心为依托，将创业教育引入经济理论课程，课程内容针对经济管理专业大学生。学校规定经济管理专业大一学生必须学习“创业与商业”课程。2007 年，诺丁汉大学共有 600 名经济管理专业一年级学生进行了一年的创业课程学习。

剑桥大学创业中心成立以来，创业课程的数量有所增加。开设过的实验课程有硕士企业家讲座系列（MELS）、虚拟学习网络、新生训练营以及让学生具备企业家才能的课程。但由于在设计、营销和学生管理过程中耗费了大量的资源和时间，这些课程被迫停止了。于是，剑桥大学创业中心将精力集中于“企业星期二”“企业家”“夏令营”等课程或活动。

伦敦城市大学卡斯商学院则主要通过网络模块推行创业课程。该校面向本校商学院二年级学生开展创业研讨会。其创业课程不仅面向本校学生，同时兼顾其他大学的在校生。然而，选课学生数量较多，而师资相对较少。于是，卡斯商学院独创了一套基于网络的教学程序，即“面对面研讨—网络教育模块—指在线时间（用于建议与解答问题）—鼓励有强烈愿望的学生参与创业”。广泛开展创业选修课是英国高校推进创业教育的重要方式。斯特莱斯克莱德大学通过学校的搜寻者中心面向全校学生开设创业选修课，并将哲学引入创业教育课程，增强了课程的普适性。诺丁汉大学、桑德兰大学、谢菲尔德大学、伦敦商学院等在 MBA 项目中设立创业选修课，拓宽创业教育的普及面。其中，伦敦商学院 2007 年 MBA 项目开设的创业选修课中，有 50% 的学生来自伦敦艺术学院，扩大了创业教育在非商学院的影响力。

2. 创业活动

“创业活动”灵活性强、吸纳学生广泛、专业限制小，其主要作用在于提高大学生的创业意识，激发兴趣，发展技能。

英国的创业活动特指课外活动。2007 年，英国大学生参与课程以外创业活动的人数占创业实践学生总人数的 64%，课程以外创业活动是创业实践的重要形式。

多校共建的创业活动，具有通用性和广泛性，较为典型的是商业计划竞赛。商业计划竞赛由邓迪大学、布里斯托大学、伦敦城市大学和普兹茅斯大学联合开展，分阶段面向共建学校全体学生开放；通过商业理念培训、研讨会和工作坊的形式制订商业计划，并以奖金鼓励活动中的优秀学生。

单一大学为主体的创业活动更加注重培养特定创业能力，比较常见的是夏令营。

例如，伦敦城市大学的创业夏令营（SPARK）。2005 年，SPARK 吸引 50 名学生参加，在为期一周的时间内，通过确定商业理念、成立合作小组、启动商业运作等环节培养参与者的创业技能。

由学生发起的创业活动总量相对较少，活动内容变化较大。斯特拉斯克莱德大学通过由学生自主管理的国际大学生企业家联盟开展创业活动，包括口才讲习班、商业比赛等，目的在于给学生提供运用所学知识解决现实问题的机会，帮助学生发展创业过程中的领导、团队合作、交流等技能。

（四）英国高校的创业项目和创业行动

1. 创业项目

创业项目是大学生从事创业实践的重要媒介。近年来，英国大学设立的创业项目逐步向“本硕博一体化”实践项目体系转变。谢菲尔德大学针对本科生设立“第四年选择”计划。该计划主要面向计算机和工程专业大学四年级学生，基本目标是发展与商业有关的专业核心技能，检测工程在商业策略中的作用，并在商业计划中引入工具与技术。该计划同时为学生设计了 15 个创业活动过程，如描述问题、拟定契约安排、财务计划、撰写商业计划等，培养学生在商业背景下进一步理解、分析、解决问题的实践能力。

伦敦商学院开展的专家硕士项目针对已完成科学与工程本科阶段学业的学生，开设一年的专家硕士项目培训，具体包括新公司创设、目标管理等模块。该项目促使学生与外部创业团体开展紧密联系，并将相关实践经验融入个人商业计划当中。

伦敦大学学院开展的项目只允许能够按时毕业且获得导师同意的博士生参加。该项目主要为科学与工程专业的博士申请者提供资金资助，同时参加 3 个月的延期创业学习与实践，将创业实践的具体内容、实践环节写入论文的相关章节，并在论文中增加关于商业评价及开发计划的相关内容。

2. 创业行动

特定组织机构通过提供经费、生活补给、创业建议等途径直接干预创业行动，支持创业启动，帮助大学生实现自己的创业梦想。其目标人群通常分为三类：一是在读学生，鼓励和帮助他们建立自己的商业活动；二是校友，通常校友在商业理念、经验以及资源上占有优势，被视为潜在的创业者；三是大学所在的社区中潜在的创业者或具有创新思维的人。

从实施方式的角度看，大致包括孵化器、培养箱和助学金。桑德兰大学于 2001 年率先依托商学院建立了大学创业孵化器，这是英国最早运用该模式的大学。孵化器由兼职管理者和商学院讲师共同管理，主动与学院具有创业意向的学生接触，同时设置一系列创业活动。如果学生提供的商业计划具有可行性并被接受，则能成为孵化器的成员，孵化器将为其提供创业硬件条件和咨询服务。孵化器具有低成本、低风险的特点，对于商业软启动成效明显。

伯恩茅斯大学的创业"培养箱"则通过地区发展委员会资助的"创业亭"的形式推动大学生创业实践。"创业亭"实体坐落在学校和商业区之间，拥有较好的硬件办公条件，为教学和商业提供实验室。

史塔福君大学为学生提供创业助学金，通常额度为 1000 英镑，并提供一年免费公寓住宿。获得资助的学生比例较高，据 2007 年的统计，70% 的史塔福君大学校友获得了该项助学金。

（五）英国大学科技园与创业教育

大学科技园在英国通常称为科学园，1970 年建立的剑桥科学园是英国第一所大学科技园，到 2008 年已经加入英国科学园协会的大学科学园达到了 70 多个。大学科学园在 1987 年有 607 家入驻企业，而到 2008 年已经增长到 3094 家，同时提供了 73603 个工作岗位，在这些入驻企业中有 82% 的企业都是独立初创高科技企业，其余的一部分是外国企业的子公司。私人企业的加入、职业经理人的管理使大学科学园运作更加专业化，从而令大学的教授与研究生们能够更加专注于研究工作本身及研究成果的商业化，而政府也能集中精力投身于建设更好的宏观环境与各项政策。

英国科学园具有提供直接或间接商业咨询的功能。其服务一般包括商业规划建议、技术转让支持、知识产权咨询、获取贷款和风险资本、学生实习和市场营销咨询。园区通常有一个技术与知识中心，大学和研究所就是技术和知识的来源。许多英国科学园有基于创新的孵化器，一般有单独管理和纳入园区的整体管理两种管理方式。孵化器在创业企业成立的初期作用十分明显，它提供了非常有利的创业环境，在这里企业可以随时获得专业研究人员和充裕的风险资金。通常孵化器提供诸如帮助制定商业规划、筹集资金、市场营销策略等服务，以促进孵化企业的快速成长。牛津大学科技园是全英科技园的成功典范。

1997 年，牛津大学成立了专利转化和管理机构 Isis-Innovation Ltd，它专门负责全校的专利申请和对外转让工作。牛津科技园在实践中敏锐地意识到，在科技成果转化为产品的过程中，专利发明人除了需要进一步完善专利成果外，还需要得到商务和市场方面的培训，应熟悉如何与投资商及潜在用户进行商洽和项目推介。但不少专利发明人因缺少这方面的经验和培训机会，往往难以使一个很好的专利成果转化为产品。为此，园区主任 Peter Dobson 教授于 2003 年，积极会同牛津大学 Isis-Innovation Ltd、商学院和牛津继续教育学院等合作单位，联合向政府提交了一份关于促进大学专利成果转化的项目建议书，并于当年成功地申请到100多万英镑的“高校创业基金”，作为支持牛津大学技术转化的专用资金。牛津科技园随即迅速用此经费，在园区增设了4个工业研究员和4个商务开发研究员职位，其目的是用来帮助那些有潜在应用前景，但尚未有足够资金开发完善的专利成果。其运作机制是：工业研究员由牛津大学专利持有人担任，商务开发研究员则要求由有丰富的科技产业经验和MBA专业背景的人，来帮助工业研究员进行项目谈判和商务运作。至2005年，牛津大学以专利成果为基础，成立了50多家高科技公司。2005年就有4家新公司进驻科技园，其资金支持大多在100万—1000万英镑。近几年在全球经济环境不太景气的情况下，牛津科技园仍保持着没有一个公司失败的纪录。2004年，英格兰高教拨款委员会在牛津科技园经验的基础上，向大学科技园推广“高校创业基金”项目。

四、德国高校的创业教育

德国是目前世界上经济和科学最发达的国家之一。“德国制造”的标签常常成为高质量的代名词。从1969年以来，德国在“双轨制”教育体制下培养了学生的实践能力。在德国的工地、工厂、公司、政府机关都能看到实习的学生，他们在师傅、上司的指导下，从事与自己所学专业相关的工作，从实践中认识自己、认识社会，接受锻炼和考验，并根据自身特点充分展示和运用自己的才能。在培养实战技能的过程中，学生的创业精神在潜移默化中逐步生成与加强。

20世纪80年代以来，德国教育学界对大学创业教育概念展开了激烈的讨论，普遍认为它是以大学生的创业实践体验为基本形式，以创业型教学和创业型文化为基本定位，培养大学生从事创业实践活动所必须具备的创业能力、创业精神、创业意识和心理品质的素质教育。至20世纪90年代中期，由于失业率激增，人们迫切希望政府能提供更好的创业环境以及更多的就业岗位。自此，德国政府和高校开始全面重视创业教育：目前德国已经基本形成了创业教育政策健全、创业教育课程完善、创业教育管理科学、创业文化浓厚的高校创业教育体系。在创业教育的引导下，德国大学生创业教育意识显著提升。

（一）德国高校创业教育的发展历程

德国创业教育起源于20世纪50年代的“模拟公司”。早期的创业教育主要面对职业学校经济类专业的学生，为了培养学生的实践能力，学生可以在“模拟公司”熟悉全部业务操作过程，搞清其各环节之间的联系，而不必承担任何经济活动风险。

20世纪70年代中期，科隆大学、斯图加特大学零星开设了创业课程和展开一些研究工作。80年代多特门德大学设立了创业教育研究中心。90代年后期，德国大多数公共机构减员增效，大企业纷纷裁员，产业结构调整，就业机会不足，大学毕业生传统就业市场萎缩，大学生失业率呈上升趋势。由此，创业教育开始受到政府和大学的重视，大学创业教育的需求大幅增加。

德国联邦教育和研究部（BMBP）在发展创业教育方面起着重要作用，将创业教育引入传统大学教育，并在大学普遍推行创业教育，以提高大学生创业实践能力，缓解大学生就业压力；此外，于1998年正式启动EXIST项目。随着EXIST高校促进项目的启动，德国创业促进方案得到进一步扩展。EXIsr项目以改善高校创业环境和促进高校文化交流为目标，到2006年，高校自我意识引起深刻的转变，考试和研究程序发生了变动。

EXIST项目的主要目标：提高高校科研成果转化率；增加创新性的工作岗位；支持从大学和研究所衍生出来的新创企业；鼓励将创业文化纳入高校的教学、科研和管理。该计划主要改善德国大学创业环境，促进大学自身的教育与教学改革，在大学内部培养创业文化，将大学和当地企业及研究机构有机联系起来，共同培育和支持从大学及研究机构衍生出来的新创企业，增加新的就业岗位。

通过EXIST项目，自主创业作为一种职业选择进入校园。在高校中建立创业精神教育和与创业相关的培训项目，提高了对实现创业的认识和能力，以及经营公司的能力。通过EXIST项目的援助，提供相应的咨询和指导，为创业筹备和公司组建开辟新的道路。在高校与地区范围内的科研机构之间搭建的联系平台为创业创造了机遇。

此外，德国在大学成立了对创业教育进行专门和系统研究的创业教育研究中心（院、所），如德国提高大学创业能力研究协会，该协会特别强调对大学创业的经验研究，取得了一些有影响的科研成果，是德国大学创业教育发展的一座重要里程碑。

1998年，创业教育学被纳入德国大学课程，作为25所大学学生的核心课程，并在12所大学设立创业教育学首席教授职位，每所大学创业教育学教授席位达到30个以上。进入21世纪，德国大学创业教育突飞猛进。创业教育学课程体系更加完备，涵盖了创立、融资和管理等方面，主要包括撰写商业计划书，如何创办企业、社会创业、企业营销等十几门课程。此外，开设创业教育课程的高校也由25所增至上百所，创业教育学教授职位也从原先的12所普及到所有创业大学。2001年和2006年，德国联邦教育和研究部分别启动了“EXIST Ⅱ”和“EXIST Ⅲ”计划，进一步加大资金支持力度，将资助网络扩大到20个区域，并希望将创业教育观念根植于大学传统教学文化之中。

（二）德国高校创业教育的组织模式

德国高校的创业教育有三种组织模式：校本整合模式、校园独立模式、校本双元模式，其中以校本整合模式和校园独立模式为主。

1. 校本整合模式

校本整合模式是指在大学里既开设一些纯理论的学科，如商业计划、网络、金融等，又提供创业的实践经验；大学全面负责各项事务，如组织学术教学，提供实践培训、辅导、咨询等；管理工作由大学工作人员和大学委员会承担。

校本整合模式的典型代表是伍珀塔尔大学的创业项目。自 2001 年以来，伍珀塔尔大学成为德国大学中创业教育办得比较好的学校之一。它为学生提供一套综合的课程，传授创业价值链，帮助学生从最初的创业构想开始，到实际的商业计划形成，最终建立衍生公司。该项目实际上由两名具有创业学席位的教授负责，一位教授负责制订专门的教育计划，另一位教授负责与创业工作坊联系，为学生在创业中提供咨询和培训。但是，大学除了提供创业学的教授席位外没有其他专门的创业支持机构，如孵化器或技术中心。许多创业教育任务主要委托给一家名为“Bizeps”的网络机构，该网络机构是一种地方风险投资支持网络，主要支持大学师生积极创造投资机会和发展高速增长的技术项目。

2. 校园独立模式

校园独立模式是一种分散的创业教育网络。该模式的理念是加强学校内外机构联系，集合特定的专业素养和资源，形成有效联盟。该模式的管理是独立的，主要由一个咨询委员会负责，并非由大学或私人机构主导。创业教育网络的各方通过签约，明确各自的责任与义务，以能力为基础实现专业化的优化。

校园独立模式的典型代表是德国卡尔斯鲁厄地区的 KEIM 项目。该项目是德国联邦教育和研究部 EXIST 计划中的项目之一。在过去的 20 年，卡尔斯鲁厄地区成为德国创业和创新最受关注的热点地区之一。该地区的众多大学重视应用型人才的培养，关注大学生创业，并与校外科研机构和企业形成联盟，支持大学生创业教育。1998 年，该地区几所大学与校外机构联了 KEIM 成联盟，成员包括卡斯鲁厄大学、卡斯鲁厄应用技术学院、普福尔茨海姆应用技术学院、卡斯鲁厄研究中心、卡斯鲁厄城市、卡斯鲁厄技术区、卡斯鲁厄商会。该项目的主要目的是在高等教育和科研机构中建立一种创业文化，通过合作和经验交流增加大学和科研机构的新创企业数量并提升其质量，通过不断改进、协调和提供个性化支持加速培育新创企业并促进其成长，把 KEIM 进程作为所有地方参与机构的一种共同原则。该项目为高等教育和科研机构的新创企业和年轻公司建立了一个明确的创业过程链：从激励、动员、支持到有针对性的发展。从 KEIM 计划开始实施的 5 年内，已创建了 200 个公司，雇用了 1000 多名高素质人才。特别是卡尔斯鲁厄技术区，它是德国最成功的创业孵化器，在 1999 年这个孵化器中心的技术工厂成立 15 周年时，有 170 位创业者，其中 40% 的创业者是直接来自大学和科研机构。

3. 校本双元模式

校本双元模式重视大学学术与创业实践。但大学把所有与创业实践相关的活动进行外包，包括供给与服务，以便与大学子公司分开，减轻大学管理压力。该模式对学术和实践的支持是以能力为基础划分的，学术内容由大学教师负责，而具有实践取向的知识教学和创业技能则由大学子公司的专业人员承担。大学子公司为大学生提供一些实习机会。大学子公司的管理相对独立，大学仅仅选派一些行政官员，在大学子公司成立一个咨询委员会，对其进行有限的管理与指导。该模式在美国一些大学比较受欢迎，在德国的大学却很少采用。

（三）德国高校创业教育的教学模式

德国大学创业教育主要采用两种教学模式，即经典教学模式和创业学习模式，其中以经典教学模式为主，以创业学习模式为辅。经典教学模式是以问题为驱动的教学路径，教师传授学生创业教育理论知识，让学生根据具体情况决定是否自主创业；学生所学内容都是预先设定的，不允许犯错误和模仿，等等。直至 2006 年，经典教学模式仍然在一些大学和学院盛行。

创业学习模式是以对策为驱动的研究路径，学生不是被动学习者，而是参与者，参与创业实践活动；学习内容不是预先设定的，没有指定创业教育教科书，而是根据学生在创业实践中发现的问题来选择学习内容；学习的环境也比较宽松，没有授予评价等级的压力，并且允许模仿和犯错误，等等。这种教学模式后来逐渐被一些大学所重视并采纳。创业学习模式与经典教学模式相比，更能体现大学生在创业教育中的主体性和主动性。

EXIST 高校把传授理论方法与面向实践的学习内容结合起来，实现自学阶段与自学材料的融合，以提高知识传授的灵活性。加强小组合作和团队合作，进行行动力学习。某些专业领域全面的知识传授，或者在每一个专业领域中针对来自其他专业的主题因地制宜地操作。按标准进行的分阶课程教学充分考虑当时学生的兴趣、基础知识、创业形式和时间限制。把面向项目的工作以及以个案调研为基础的学习和计划演练作为具体的传授方法促进创业行为的能力和意愿，刺激学生掌握知识、提升创造力、培养团队合作能力以及接近实践的能力。

（四）德国高校创业教育课程体系

在社会各界的共同努力下，德国许多高校已经建设了一套比较完善的创业教育课程体系，包括企业家精神训练、企业创业管理、创业法律法规、商业计划书、财务管理、市场调研、新产品开发、市场营销战略等几十门课程，课程涵盖了创业意识、创业知识、创业能力、创业实践操作、企业精神等主要创业意识与能力培养领域。慕尼黑技术大学的创业教育课程中，如企业财政、风险投资、商业发展计划等是面向全校的选修课，如生物技术与医药产业的筹资与评估、创新企业家等课程则主要为创业者服务。创业教育还通过大量分析典型案例、为学生提供实践机会等方式丰富学生的第一手创业实践的经验，从而全面提升学生的创业能力，促进创业教育目标的实现。

参加 EXIST 项目的大多数高校提供的标准课程包括创业计划与管理、新创企业的发展方向、创业资金筹集、商业计划的完成、企业特点的形成（主要是方法与管理能力）、典型企业经济与法律问题的处理（市场营销、销售、人事、法律形式选择、企业权利保护等）以及通过企业规划进行创业模拟的讲座和研讨课。传授与创业相关的知识在开展 EXIST 项目的高校的教学安排与考试计划中以一定的形式固定下来。其一，作为专业培训的融合部分包括学年内必读课程（必修课）、学年内必修课、作为特定专业的补充选修课；其二，作为专业培训的附加课程包括主课程的组成部分、作为专业培训的必选课程、作为专业培训的高级课程。在 EXIST 高校中，创业课程早已固定为经济学科的必修课程；然而作为选修课程，可以由非经济学科的学生自由选择。在大多数 EXIST 高校中，创业课程首先作为总体课程的一部分，一般为选修课程，在与目标群体产生相应的共鸣并对课程设置和考试安排做出调整之后，逐渐过渡成必修课程。

五、日本高校的创业教育

第二次世界大战后经济快速发展的奇迹，曾使日本在国际经济中崭露头角，但是这种基于引进和改良的经济模式并没有使日本经济一路走俏。由于对世界经济环境估计不足，日本出现了“失去的十年”（1991—2000）。

“Global Entrepreneurship Monitor 2000”的问卷调查结果显示，与其他国家相比，想要创业的日本人占 17%，尊重创业家的人有 31.3%，认为在今后 5 个月内能发现新的商业机会的人有 4.6%，而害怕失败不敢开办风险企业的人占 60%。与创业先进国美国相比，日本的创业率只达到美国的 1/3。日本的经济较美国经济缺乏活力，给创业带来极大不利。

从 20 世纪 80 年代开始到 IT 革命开始的 20 世纪 90 年代后半期，日本的新兴产业发展与美国产生了巨大的差距。为了走出经济发展的阴影，构建新型的国家创新体系，日本政府不断进行教育科研改革。为了经济的不断发展，创业必须作为一个有序的系统融入社会。2002 年在各个大学开始导入有关“促进创业家培养的体系”。有些大学开始进行基础教材和授课模式的开发研究。

（一）日本高校创业教育的发展历程

日本引进并发展创业教育也不过十几年的时间，但创业教育这种形式与日本注重实用教育与创新人才培养的历史有着很深的渊源。20 世纪 60 年代，日本经济发展急需高科技人才和熟练技术工人，因此日本大学的重点就放在培养应用型理工类专科人才上，重视发展“五年一贯制”高等专科学校。许多学校与企业展开了“产学合作教育”，为产业部门培养了大量的高级技术人才。针对企业要求的管理、经营等知识的培训，更多是由企业设立的培训机构完成的。一些传统的商业大学、工学院等职业性质的学校提供课程，帮助拥有技术者实现创业，但无论是课程内容还是针对的学习者范围都十分有限。

20 世纪 70 年代以后，日本企业的发展突飞猛进，对人才提出更高的要求。企业要求大学提供员工管理、经营、营销方面的培训。为此，日本政府加强对高等教育机构改革，其核心要素是创新，基础要素是与专业相关的技术，由此将专业与创新结合起来。1973 年立命馆大学教育学部最早在日本设立大学教育开放中心，提倡 4S 主义，即大学教育必须面向研究（Study）、学生（Student）、社会（Society）、服务（Service）。学校与企业、事业单位、行政机构合作，开设“业界分析”“国际化企业合作”“政府行政事业单位合作”等讲座，让学生对职业、工作有更加详细、具体的了解，使学生逐步清晰认识职业目标。

20 世纪 90 年代，日本泡沫经济破灭，传统产业失去了昔日辉煌的地位。随着产业结构的优化升级，中小企业以其灵活的优势取代了大型企业，传统产业要想取得胜利，必须在创新上取得优势。同时，日本开始推出一系列科技扶持政策，其目的在于发展新兴产业，创立新兴企业，促进技术发展，培育并有效配置科技人力资源，改造高成本产业结构。一部分文科大学和研究生院开设了有关企业家培养的课程；一些理工科大学或研究生院通过风险企业实验室或产学共同研究推进中心等机构，尝试以大学为中心，开展富有地方特色的创业教育。

2000 年，日本教育改革国民会议提出在大学开展创业教育的倡议。一时间众多大学以大学生、研究生、社会人士为对象，从终身教育的视角出发，通过实施社会人才特别选拔制度、定员编入制度、昼夜开讲制度、科目辅修制度等灵活的导入制度，支援创业教育。比如，早稻田大学推出“傍晚集中讲座”，攻击手商业学校推出“事业计划立案讲座”。大学开设的创业课程以培养学生的创新创业精神为目的，吸引了许多有志创业的学生。

2002 年，在第一次“日本官产学合作促进会议”上，与会者希望通过技术转移机构（TLO）、育成中心、产学合作机制等推动大学开展创业活动和创业教育。会议还提出在 3 年内创办 1000 个大学风险企业的目标。2004 年，国立大学法人改革之后，与创新创业相关的要素成为评价大学的重要指标，创新和创业成为日本大学的焦点。创业教育逐渐成为日本高等教育的重要发展方向。

（二）日本高校创业教育的理念

真正的创业过程并不像虚拟的那样简单，而是很残酷的，处处暗藏风险，模拟企业无意中回避了风险这个非常重要的因素，而应对风险的挑战精神是企业家必备的素质。

ESP（Entrepreneurial Stimulation Project）以大学风险企业创设作为突破口，通过创业教育激励理念的平台，整顿学校环境，构建一个适合创业家培养的三维体系。这一体系由五个辅助系统交叉构成，中间交叉的部分就是大学风险企业，围着风险企业的五个辅助系统就是创业软环境。

学生创业教育是指开展以大学生和研究生为对象的商业教育计划，指定学生必修科目的相关课程，邀请国内外著名企业家到校 1—2 个月，派遣学生到国内外风险企业取得一定学分的见习，开展创业计划设计大赛。

大学校园指定空间是指通过开放校园的方式，为研究室、研究者、学生、企业人士提供社交性质的论坛，通过学科交叉、文理互动、交流创业计划等形式开展活动，实现大学资源的综合利用；在师生之间建立一个广泛的网络，形成一个包含校友的创业互动体系。提供服务网络是指构筑一个为有创业意识的学生提供课程以外知识的服务体系，如校内企业孵化设施、创业辅导机构、种子资金服务机构等，为创业者提供咨询服务，为比较有潜力的创业计划提供种子资金和运营资金。

社会力量是指通过利用学校的校友网络、地域性企业支援机构、非营利性机构等社会资源，实现学校和企业、社会的对接，共同完成学校创业课程教材的设计、创业风险资金的融资、创业基础设施的完备，同时积极向社会反馈，促进地域经济的发展。

数据库资源和信息网络是指建立关于创业管理经营的专门数据库，为创业者提供创业知识的资源库；建立针对风险企业的程序库，把握风险企业的发展方向。

这五个辅助系统不存在时间上的先后顺序，平行地发挥作用。系统之间相互配合和沟通，增加了资源利用的有效性。ESP 理念为课程设计和活动开展提供一个基本的模型，这一模型基于官产学密切配合的支撑体系，离开产学合作、官产学互动，创业教育不但缺少支持的动力，也缺少实质性的内容。不同的学校对创业教育有不同的认识，在开展创业教育时也存在不同的理念定位和培养目标。日本大学的创业教育定位分为五种类型，即创业重视型、地域连接型、全球战略型、日本本土型、理论活用型。

（三）日本高校创业教育的课程模式

日本创业教育的课程可分为三类。第一，作为 MBA 课程的一部分。日本的大学，参照国外的教学规划，最先从 MBA 学科开始实行创业教育。在 22 所大学中，16 所在 MBA 课程中开设创业教育及风险论课程，相关课程有 37 门。然而学生必须回到原来的派遣公司，MBA 有可能无法完成狭义上培养创业家的任务。第二，作为 MOT 课程的一部分。理工科的专门人才不仅要掌握技术，还要知道作为管理者应如何革新。有 8 所大学在 MOT 课程中开设创业教育及风险论课程，相关课程有 14 门。第三，面向本科生，作为职业发展和人格培养的环节。自己规划未来、采取行动并承担责任是典型的创业行动所必需的素质。这些素质不仅限于创业者，企业也需要具备这些素质的优秀人才。有 8 所大学在本科生课程中开设创业教育及风险论课程，相关课程有 20 多门。创业教育的授课内容重点是财务会计和资金筹措、销售战略、专利和知识产权战略、法律事务等。

日本创业教育的努力方向是，开发出能够让学生自然而然地掌握自我负责原则和投资意识、风险意识的多样而系统的课程。创业内容为创业课程提供了具体的知识参照体，但在创业教育课程实践中，每个学校又各不相同。从目前日本高校提供的创业教育课程来看，存在四种典型的创业教育模式：创业家专门教育型、经营技能综合演习型、创业技能副专业型、企业家精神涵养型，它们形成了一个从高到低、从专业到普及的创业教育课程模式。横滨国立大学是企业家精神涵养型的代表，通过“企业创业教育项目”培养大学生的创业精神和创业思维，以“经营者的领导力和经营理论”“风险企业经营管理”课程为主。其中“经营者的领导力和经营理论”课程以创业梦想、创业精神等为主要内容；“风险企业经营管理”课程则从实际经营的角度，通过来自活跃在技术系风险企业、非技术系风险企业、中小企业、风险资本、企业孵化器等各个领域的经营者或支援者的演讲，培养学生的创业思维，明确实际创业的复杂，理解真正的创办企业的含义。信州大学是创业技能副专业型的代表，以培养创办企业的辅助技艺为主。开设的课程包括经济战略论，企业经营概论，经营组织论，企业活动和法、企业的社会责任、市场论，应用市场、技术开发特论，人力资源管理论，逻辑演习、课题演习、经营论特论等。在授课过程中避免理论上的空谈，而注重对学生的实际操作训练，培养现实创业实务中最前沿的思想意识和决策能力。庆应义塾大学是经营技能综合演习型的代表，以培养商务策划能力为主。庆应义塾大学湘南藤泽校区（SFC）通过创业教育和创业支援的联动体制，建立以培养创业技能为主的创业课程模式。目前开设的创业教育课程为“SIV Tutorial”和“新事业创造论”。

通过创业教育，使对创业感兴趣的志愿者顺利地转向创业活动，既缩短了创业前期的准备时间，也提高了创业的成功率。立命馆大学是创业家专门教育型的代表，以培养学生的动手能力为主，注重产学结合。在课程开发方面，为了让学生了解创业的本质，将“创业导入科”作为必修课目，另外面向大学二至四年级分别配置“基础科目群”“拓展科目群”“实践科目群”，并将实施创业活动见习的“实践科目群”作为必修课程。“基础科目群”包括创业精神论、风险企业论、经营战略论、事业计划论、资金计划论、生产体系论、知识产权论；“拓展科目群”通过项目开发联合会聘请有实战经验的著名商务咨询公司代表，以集中开设“创业特殊讲义”形式，讲授灵活多样的内容，包括企业孵化论、技术系创业、产品商品化、高科技市场、改革战略论等；“实践科目群”开设创业实践讲座、创业活动见习、创业支援见习、创业管理实习、海外创业实习等科目。

（四）日本高校创业教育的实施途径

在以创业教育为名的课程中，很少有学校仅以课堂讲授的形式来进行教学，基本上所有的大学都很重视案例学习和小组讨论。创业家现身说法的讲座也是一种案例学习。PBL（Problem Based Training）比案例教学更进一步，通过选择尚未解决的问题进行讨论，然后将讨论的结果进行反馈。有不少大学将创业计划书的制作与演习纳入教学计划中，有超过半数的大学举办了创业计划比赛，并将此作为上课的成果。还有一些科目需要到风险企业实习，并规定只有参加了企业实习才能够得到学分。嘉宾参与非常重要，被邀请最多的是创业经历者，其次是风险投资家，从事银行、证券等金融机构的知名人士。

1. 创业教育讲座

从创业讲座面向的对象来看，52% 面向 MBA，20% 面向 MOT，28% 面向本科生。所采用的教学手段也是多样的，包括创业精神和技能的课程讲授、创业成功者经验论坛、实例研究 + 小组讨论、创业计划制作 + 演习、指导、企业见习制度等。在创业家养成的讲座内容中,“风险企业是什么”“创业计划的做成”“实例研究”“经营战略”“营销讲义”的实施率比较高。

2. 创业实践实习

实习是一种重要的接近企业的方式，是创业梦想放飞的关键一步。大学的实习实施率逐年增加，高专的实习率远远大于本科的实习实施率，如 2002 年高专和本科的实施率分别为 90.5% 和 46.3%。在创业实习过程中，多数学校将实习活动和地域经济以及产业、企业面临的实际问题联系起来，通过多种途径锻炼学生的实践能力，几乎所有高校都很重视基于实例分析的小组讨论。

3. 创业计划竞赛

日本将创业计划竞赛作为检验学生创业教育成效的一个重要手段。创业团队合作诞生创业计划的过程，对参与者的创业素质是一次绝佳的检验。在创业竞赛方面，早稻田大学最为著名。早稻田大学从 1998 年开始举办创业计划大赛（Entrepreneurial Idea Contest），帮助创业者完善其创业构想，寻找合作伙伴和支持者。2002 年，早稻田大学开设了早稻田风险论坛（Wasada Venture Forum），征集和选拔具有创意的创业想法。

4. 国际合作交流

日本在促进青年合作的国际交流行动方面做出积极的贡献。私立大学在 20 世纪 90 年代初引进“创办和改善你的企业”（SIYB）项目，给社会人士开展培训，帮助企业更好地发展。国际创新创业发展协会（Global TIC）是由参与创业竞赛的专家学者、法人团体、企业人士组成的创新创业教育推进组织，日本是参与国之一。协会通过全球性的交流活动，建立一个足以成为全球焦点的整合性创新创业平台。日本还引入了 VBL（Venture Business Laboratory）项目和 KAB（Know About Business）项目。日本非常重视与国外大学的校际交流，与美国的哈佛大学、麻省理工学院，中国的清华大学、中央财经大学、哈尔滨工业大学等知名高校在创业教育方面开展合作，学习先进经验。

第二节　中国高校创业教育

一、中国大学生创业教育之历史发展脉络

从国家层面上倡导创业教育是中国教育史上的一件大事。虽然此举晚些，也并不那么轰轰烈烈，但是其发展却是此起彼伏、扎扎实实。中国大学生创业教育发展是有坚实的基础的，它诞生于中国改革开放的大潮中，成长在中国教育改革的活跃期，处于世界创业教育的主体教育环境里，在中国高等教育的实学思想与实践比较丰富的基础上，中国大学生创业教育发展经历了若干主要的阶段。

1. 萌芽期（1978—1992）

改革开放以来，四川省的一些有识之士率先提出了创业教育。其基本思想是创造教育加上职业教育。这主要用于农村试点，以解决当时弱势青年群体的就业问题。其基本思想源于陶行知先生的“生活教育理论”，即认为创业教育就是创造教育加上职业教育；创业意识就是创造意识加上职业意识；创业能力就是创造能力加上职业能力等。

1989 年“面向 21 世纪教育国际研讨会”的北京会议上，联合国教科文组织提出了“创业教育（Enterprise Education）”概念，并在与会报告 21 世纪的教育哲学中提出了学习的“第三本护照”，即创业能力的问题，要求把创业能力提高到“与目前学术性和职业性教育护照同等的地位”。自此，大学生创业教育实践才渐渐浮出水面。

2. 起步期（1992—2002）

1992 年党的十四大将建立社会主义市场经济体制写入了党章。大学生创业教育需要的政治条件和经济保障已经具备，大学生创业教育进入了正式的实施阶段。1997 年，清华大学研究生发起的首届“清华大学创业计划大赛”。1999 年和 2000 年，由共青团中央、中国科协和全国学联主办，清华大学、上海交通大学分别承办了第二届“挑战杯”中国大学生创业计划竞赛。从此开启了中国大学生创业教育的竞赛之路。我国政府对大学生创业教育的正式回应始见于 1999 年 1 月，我国政府公布了《面向 21 世纪教育振兴行动计划》（下文简称为《计划》），《计划》明确指出：实施“高校高新技术产业化工程”，带动国家高新技术产业的发展，为培育新的经济增长点做贡献。利用高校自身优势为科研攻关和各行业的结构调整与改造服务，加强产学合作和成果转让；兴建高新技术产业化基地或科技园区等“孵化器”，并明文规定“加强对教师和学生的创业教育，鼓励他们自主创办高新技术企业”。至此，随着市场经济的确立，大学生创业教育也得到了广泛的认同，并在条件成熟的领域和高校开始实施。

3. 发展期（2002 年至今）

教育部为了响应国家推进创业教育的号召，2002 年 4 月，在确定 8 所创业教育试点高校的基础上，教育部高教司在京召开了由国内 9 所著名高校参加的“创业教育”试点工作座谈会，就高校创业教育的实施问题进行了初步探讨。会议代表一致认为实施创业教育、广泛开展大学生创业活动将成为我国高校今后教学与教育改革的重要任务之一，也将是社会主义市场经济条件下教育改革和发展的必然趋势。2002 年 8 月，教育部高教司又委托北京航空航天大学举办了高等学校创业教育研讨会，全国共有 37 所院校、河南省教育厅等派出 60 余名与会代表参加了此次会议。会议围绕创业教育的实施展开了探讨，充分表明了我国对创业教育的重视。最终确定了中国人民大学等 8 所高校率先进行创业教育试点并且给予了政策和资金支持。至此，以高校为基地的创业教育模式基本形成。

2007 年，党的十七大报告指出：“实施扩大就业的发展战略，促进以创业带动就业。”2010 年教育部下发了《关于大力推进高等学校创新创业教育和大学生自主创业工作的意见》，许多高校和研究机构就如何开展创业教育进行了深度探索。2013 年 11 月《中共中央关于全面深化改革若干重大问题的决定》更是指出“完善扶持创业的优惠政策，形成政府激励创业、社会支持创业、劳动者勇于创业新机制”，“完善城乡均等的公共就业创业服务体系，构建劳动者终身职业培训体系”，“实行激励高校毕业生自主创业政策，整合发展国家和省级高校毕业生就业创业基金”。国家将创业提升到国计民生的高度。我国的创业教育形成了百花齐放、争奇斗艳的局面，将以前所未有的速度迅猛发展。

二、国内本科院校的创业教育实践

面对日益严峻的就业形势，高校如何加强创业教育课程建设，明确创业教育课程目标，改革人才培养模式，增强学生的创业能力，以培养出富于创业精神、创业品质，有竞争力的高素质人才成为每个高校重视和想要解决的问题。中国的本科高校开始了创业教育的探索，各高校纷纷结合自身校园特点，走上了创业教育的特色道路。

中山大学建立包括创业基础教育、创业活动、创业社团、创业基地、创业服务、创业研究等 6 大模块的创业教育体系；中南大学初步构建了 4668 创业模式，即 4 个教育理念、6 个创业教育体系、6 个结合、8 个途径；温州大学注重创业教育的本土化，确立独具区域特色的创业教育模式；上海对外贸易学院大力开展国际合作，打造创业教育国际合作基地；清华大学举办创新创业实践夏令营，首创公益创业实践赛；宁波大学把成才的选择权交给学生，构筑了“课程渗透、实训导向、管理先行”的“平台·模块·窗口”大学生自主创业教导模式；南京航空航天大学探索并发展了由四阶段、五模块组成的“全程创业人才培养方案”；江南大学围绕“一条主线、二个抓手、三重保障、四项结合、五类基地”构建创新创业人才联动培养模式；华东理工大学构建并实践基于 CSSO（构思—策划—模拟—运作）全程创业教育模式；广西大学围绕“中国—东盟自由贸易区”和“北部湾经济区”的建设，致力于培养复合型创业人才；东南大学构建了以“基础理论活跃创新创业思维，专业知识拓展创新创业视野，实践训练强化创新创业技能，自主研学提升创新创业水平”为核心、创新创业互联互动的创新创业人才培育体系；台湾地区高校由 Global-TIC 结合大专院校规划共同架构、由各校开展创业教育的新模式，整合了不同资源，提供给学生具有理论和实务且更具有结构性的创业课程，是创业教育的新兴模式。

三、国内高校创业教育独创之典型模式与特色

随着经济的发展，市场的需要，我国高等职业教育应运而生，并迅速占据了高等教育的半壁江山，为适应市场经济对人才的要求。高校致力于培养具有创业意识、创

业能力和开拓创新精神的创业型人才。高校的创业教育略晚于普通高校，但是其后来发展之势甚至有赶超普通高校的势头，特别是近几年，在高校里演得轰轰烈烈。高校在创业教育理念上秉承普通高校的创业教育理念，都是为了充分挖掘学生潜能，提高学生的创业基本素质，培养学生的创业综合能力，使学生具有较强的社会适应能力、广泛的竞争能力和发展潜力。通过十余年的国内高校的创业教育实践，逐步形成了十种较为典型的国内创业模式。

1. 融入区域经济发展的苏州市职业大学创业教育模式

其特色在于创业教育的目标体系、内容体系、实践体系等必须与地方经济发展相结合。其基本内涵包括构建高校创业教育的目标体系，构建高校创业教育的内容体系，构建高校创业教育的实践体系。

（1）目标体系。高校的创业教育不是面向少数人的精英式教育，而是人人受用的通识教育。创业教育是个系统工程，需要校内各部门通力配合，同时，学校的创业教育也是整个社会创业教育的一部分，所以各校领导要高度重视，将创业教育提高到战略性的高度，目标是用前瞻性的目光培养创业型人才主动适应地方的经济发展。

（2）内容体系。“三二一”的内容体系，即开设三个层面的课程体系，引进两种培训模式，形成一支富有创业理论知识和实践经验的校内外创业导师队伍。三个层面的课程体系包括：一是创业基础知识；二是创业文化知识，在校园里增开一些如“苏州区域文化发展”“吴文化”课程群等，增加学生对区域的了解和认同感；三是营造创业氛围，如创业设计大赛、创业沙龙等加深学生对创业的感性认识，营造校园创业文化。两种培训模式即引入“SYB”和“大学生创业模拟实训”专题培训。一支创业导师队伍。与苏州市人力资源和社会保障局、苏州市科技局合作共享导师，外聘部分高素质的自主创业企业主、选派有能力并致力于此的教师“走出去”培训，建立了导师资源库，为创业教育的顺利开展奠定了基础。

（3）实践体系。首先，抓住苏州产业结构调整的契机，根据转型需要选定经营项目融入区域经济发展，参与市场竞争，学校提供场地和资金支持，配备创业导师，依托教学资源指导学生创业，使学生在创业过程中发挥所学知识、专业技能，真正使创业教育与创业实践融为一体，从而综合培养学生的创业技能与创业品质。其次，依托企业构建实践平台，学校利用现有的产学研校企合作基地、就业实习基地、社会实践基地等平台与企业建立深度合作，利用企业资源让学生在实习、实践、实训中感受企业的运作流程，为将来的创业打下坚实的基础。

2. 全真环境学生创业园的浙江商业职业技术学院创业教育模式

“全真环境下创业教育”指的是学校提供创业经营场所（学生创业园），学生按照国家工商、税务管理有关规定进行注册登记，所创办企业在经营活动中完全按照市场化运作，依法纳税，优胜劣汰，同时接受政府有关部门的监督管理。其特点在于全真环境创业教育，强调学生创业实践活动必须真实，紧密贴近区域经济社会发展实际，且能够满足参与创业学生的个性化发展需要；强调学生创业公司要遵循市场经济竞争规律，按照规章制度合法经营；强调公司管理制度制定、员工聘用程序、薪酬待遇设计、办公环境布置均与企业实际一致。全真环境下的创业教育模式为国内首创，《光明日报》称其是“中国高等教育的破冰之旅”。其主要特色如下。

（1）构建多元网络型创业教育体系。即在全真环境的学生创业园内针对不同专业、不同年级、不同个性特点学生的创业行为，将创业园打造成通识性创业教育平台、个性化创业教育平台、实践性创业教育平台、孵化型创业服务平台，形成分层分类的全方位全员参与的致力于培养高技能人才的“多元网络型”创业教育体系。

（2）专业教学与创业实践无缝衔接。将部分公共技术性强、动手操作程度高的专业教学和实训活动放置在全真环境的学生创业园内展开。在学生创业园内，任课教师向参加创业的学生讲解企业实际工作岗位的必备技能和动作要领，演示岗位操作技巧，并指导学生直接参与企业创业实践活动。

（3）创业导师与教学团队协同发展。建立教职员工自主创业的激励机制，在人力、物力、财力上给予教职员工支持。大力支持专业教师开办企业，主动提高创业经验，积极鼓励教职员工牵头联合学生共同创业。支持专业相近或相通的专业教师联合创业，创办合伙企业，以此来促进专业知识的融合，打造一批既掌握系统的专业理论知识，又具有丰富企业工作经验的双师型专业教学团队。

（4）创业基地与周边产业共生协同发展。除竭力推进自身孵化能力建设外，紧跟周边产业的发展步伐，推进与周边产业的合作共建，增强与周边企业的业务联络，以提升学生创业园的生命力和可持续发展能力。

3. 课程教学与创业教育一体化的青岛酒店管理学院创业教育模式

该校在长期的教学过程中逐步形成将课程教学与创业教育融为一体的教学模式。即从创业教育的目标、内容到创业教育的方式、途径再到创业教育的领域、范围，逐步对学生进行讲解分析，从而实现学生的创业教育目标。其特色表现在以下几方面。

（1）确立教学目标，规范教学内容。在全院教学中，根据各专业性质的特殊性，确定相应的教学目标和内容。经过研究比较，将创业教育的目标侧重于对学生创业能力的训练和创业方法的指导、创业意识的培养。最为核心的就是实施“模拟创业过程”，并要求学生最终做出创业计划书，实行过程性考核和阶段性总结，最终完成计划并且对结果进行及时谈论、分析、总结经验，逐步使学生掌握教学内容的同时，有能力制订具有可操作性的计划，完成创业基本素质的训练。

（2）采取“宏观模块”模式，统筹安排教学计划。作为融合专业课程教学的创业教育的方式和途径，教师围绕创业教育的目标与内容对与专业相关的各个专业课教学内容进行系统上宏观的“重组和调配”，而不是依据传统授课方法，按照书本章节顺序，僵硬地从头到尾进行讲解。

（3）设立“虚拟企业”，实施“实训”策略。首先，要求每个班组建4个10人左右的“虚拟公司”，每个公司自己“注册”名字，并确定公司的使命和主要业务。然后要求学生按照所学专业知识选择主要业务，进行“业务运作”，每个环节都在教师的指导下完成相应的实训，并要提交阶段性报告。为此，学院建立了实训基地。例如，已建成的有工商管理学院的“连锁超市”，“物流配送公司”；艺术学院的“旅游产品设计基地”“室内装修服务公司”；计算机学院的“网络服务部”；烹饪学院的“西点配送房”，旅游与酒店管理学院的“学生旅行社”等。教师甚至把讲堂直接放到实训基地里，现场授课，实地解决问题，“寓教于实践”。

（4）邀请专家举办讲座，介绍成功案例。为了与创业成功者的近距离接触，使学生在感官和心理上产生冲击感。用身边的同龄大学生甚至是自己的师兄师姐的成功案例，让学生将他们的成功过程与自己的计划书进行比较分析，找出与之差异。

（5）组织创业大赛，在虚拟竞争中磨炼能力。创业竞赛活动是大学生创业活动的试验场和演习所，对于激发创业欲望、提高创业能力有着重要作用。一方面院方举办自己的创业大赛，另一方面组织学生参加市级、国家级大学生创业计划大赛。这些赛事都有利于锻炼和提高学生的观察力、思考力、创造力和动手操作能力，同时竞赛中选拔出来的部分应用性强的创业方案可以通过改进、提高、推广，最终走向产业化，这样也有利于造就浓厚的创业氛围。

（6）增加挫折教育，培养科学创业意识。在创业讲座中，一些成功人士不仅介绍了自己成功的经验，还讲解创业过程中遇到的困难和如何克服，同时告诫学生正确对待挫折，在失利中寻找经验教训，最终调整自我，走向下一步的成功。

4. 与专业教育融合共生的江西外语外贸职业学院创业教育模式

基于我国创业教育与专业教育尚未形成有机联系，创业教育完全是一个独立的“织块”，创业教育是被安排于“正规教育”之外的现实下，江西外语外贸职业学院提出了创业教育融入专业教育的设想。其主要做法如下。

（1）转变教育理念。江西外语外贸职业学院顺应创新创造的时代要求，将创业教育融入专业教育中，以就业和创业为导向，构建“外语＋外贸＋在线外贸交易技能”国际商务创业型专业人才培养模式，把创业型人才培养与技能型人才培养放在同等重要的位置，双管齐下，为学生就业与创业打造坚实基础。

（2）调整专业方向和人才培养目标。人才培养目标为：培养德、智、体、美全面发展，受过良好的创业教育和综合专业训练的，具有高校高专层次、能适应外贸电子商务发展需要的，通晓电子商务法律法规和外贸知识，掌握一门外语，能利用外贸电子商务平台从事跨境网络贸易，具有熟练实际操作技能，而且既能在中小外贸企业就业又能自主创业的外贸网商人才。

（3）优化课程体系，融入创业教育元素。在现有专业课程体系中融入创业教育课程。把创业教育课程列为必修课，在专业教学内容中融入创业意识和创业心理品质的训练与培养，将创业精神教育和创业实务知识普及作为创业教育的重要内容。如该校国际商务专业（外贸电子商务方向）依据就业和创业导向开发全新的课程体系。一年级开设“职业生涯规划”“演讲与口才”“国际商务入门”“大学生创业基础”“商品生产与采购”“电子商务”“国际贸易实务”“市场营销”等专业课程，提升学生创业意识并夯实其专业基础；二年级开设“网络营销”“电子商务法”“国际商务谈判”“国际商务函电”“商务礼仪”“Photoshop”等专业课程，提高学生创业技能和专业技能；三年级开设“经济法”等课程，与敦煌网公司开展培训，用敦煌网平台创业，边学边用，边做边学。学生个人或团队选定产品，寻找供应商，落实货源，注册平台账号，完成拍摄产品、翻译信息、上传产品、店铺管理、推广营销、议价磋商、下单配货、物流发货、买家收货、卖家收款、纠纷处理等全套在线外贸交易流程，体验创业过程，积累创业经验。

（4）创新教学方法，提升创业教育教学效果。其主要教学方法采用行动导向教学法，常用的有任务驱动法、角色扮演法、头脑风暴法、卡片展示法、项目教学法、文本引导法、模拟教学法、自学探究法、案例教学法等。

（5）搭建创业实践平台，提高学生创业能力。充分挖掘和开辟校园内的创业市场，成立大学生创业协会和学校创业指导站，每年举办校园展卖会，教师创立南昌市阿里迪迪贸易有限公司，建立厚街网从事网络贸易，同时引导学生用敦煌网做在线外贸，体验创业生活，提升学生利用专业知识进行创业的能力。

（6）加强创业型师资队伍建设，保证创业教育教学质量。一方面，从校外聘请一些成功的外贸创业者、企业家、专家和创业培训师，作为创业指导教师或客座教授。另一方面，挑选一批具有创业意识的专业教师，有针对性地进行创业教育培训，比如KAB师资培训、敦煌网操作培训等。

5. 开设“创业班”的义乌工商职业技术学院创业教育模式

“创业班”模式的创业教育，是一种新兴的创业教育模式。义乌工商职业技术学院是浙江省唯一的一所县级市办的高校，倡导教学与实践并重。该校自 2009 年以来，开始面向全省普高生招收 7 个创业班。其主要特色和成果在于以下几方面。

（1）创业班的师资。创业班配备专门的创业指导教师，特别聘请具有留学经历、创业经验的留联会成员以及义乌市工商税务等相关职能部门的负责人为创业班的“创业导师团”成员。

（2）创业班的课程体系建设。针对创业班的学生，采用先“实践”后“理论”的教学体系；创业班课程体系建设，围绕学生创业发展的实际需求。在大一阶段，除开设第一学期必修的公共基础课外，主要以学生实践、辅以电子商务专业技术课程为主。学生可以自行选择创业平台，如国内常见的淘宝、拍拍、有啊，或者外贸类平台，如敦煌网、ebay 等。主修课程以电子商务专业技术类为主，如网店装修、三维动画设计、网络安全技术、电子商务案例分析等实用性理论课程，任课教师采用弹性教学方法，以案例教学为主。到大二、大三阶段根据学生需求开设理论课，如商品存储与配送、人力资源与薪酬管理、社交礼仪等。

（3）创业班学生的综合评价体系建设。提出“学习好是好学生，创业好是更好的学生”“获奖学金是好学生，被企业认可是更好的学生”的理念。该校出台系列的政策，鼓励和扶持学生创业。如设立“创业奖”，在学院出台的《鼓励与扶持在校学生创业的若干规定》，对于创业优秀、对身边同学起一定创业带动作用的学生，在各类评优评奖、入党等问题上优先考虑推荐等。

（4）创业班学生创业实践平台的搭建。学院专门开辟 5000 平方米左右的创业园，为每个创业班配备固定的教室和仓库。学院举办丰富多彩的校园文化活动，如电子商务创业文化节、电子商务创业大赛、职业生涯规划等，为学生营造良好的创业环境。

6. 基于一定创业理论框架下的广东科学技术职业学院创业教育实践模式

从 1998 年起广东科学技术职业技术学院（以下简称广科院）开设了“创业教育”课程，从微观教学上为高校如何实施创业教育进行了有益的探索和实践。2004 年该课程被教育部评为“国家精品课程”。该校首先确定创业教育理论框架，然后基于此进行创业教育实践体系构建，形成了基于创业理论的创业教育实践的广东科学技术职业学院模式。

（1）创业教育理论框架。创业教育体系的构建应该有系统的思考，而不是单纯地开设创业课程或举办创业大赛。系统思考包括的主要因素：秉持何种创业教育理念、学校的定位以及其现有的资源能力。

①理念。根据国内外有关创业教育研究成果，一般有三种创业教育理念：第一，创业教育是面向全体学生的素质教育，培养其思考变革、主动创新、敢于冒险和快速

行动的创业精神；第二，创业教育是针对少数有创办企业潜质的学生的技能教育，培养其把商业机会转化为现实价值的创业技能；第三，创业教育既是素质教育，又是技能教育，即同时秉持第一和第二两个理念。高校构建和发展创业教育模式，首先要确定自身秉持何种创业教育理念。②定位。美国宾夕法尼亚大学高等教育研究所针对1200所高校的研究表明：高校正在对其自身进行定位，并针对定位，对其提供的教育教学内容与方法，以及学校形象进行设计，并通过有效的传播，在特定范围内的预期考生和业界占有一个独特的形象。"独特形象"一旦形成，学校在招生市场和业界将建立优势。学校对创业教育的定位，也影响其对创业教育理念的选择，进而影响创业教育模式的建立。③资源。创业教育模式建立的又一个限制因素是学校整合创业教育资源的能力。这主要包括创业师资，可用于创业教育的办学资金，创业实训与实践设施。例如，因为缺乏创业教育师资和创业教育研究，广科院就无法提供给学生有效的创业指导和创业孵化；由于缺乏校内商业环境和办学资金，学院就无法建设创业"一条街"，给学生提供系统、真实的创业实践设施等。

（2）创业教育实践模式。广科院基于前述创业教育理念、学校定位以及学校现有创业教育资源能力构建了自己的创业教育模式。广科院的创业教育理念是培养全体学生的创业精神，同时也训练少部分具有创业意愿和商业潜质的学生的创业技能。整个创业教育模式包含三个部分，一是由创业课程、创业模拟、创业实践、创业孵化构成的创业教育主体；二是由创业大赛、创业辅导与咨询、创业论坛构成的创业教育辅助体系；三是进行创业研究，构建创业教育模式和体系。该模式中各部分的功能和进展情况如下。

①创业教育主体。主体中，从创业课程到创业孵化，逐步递进；从创业精神到创业技能逐步加强，惠及学生数量从少到多。目前广科院已在其经管类专业4700名学生中开设了创业技能、创业启动、创业营销、创业融资和社会创业五门必修课，并作为创新与创业素质模块纳入新教学计划。创业模拟部分通过实训室创业模拟和企业经营管理模拟软件来实现，这部分侧重训练学生的创业技能。创业实践部分是通过学生分组在学校商业街内建成的迷你创业园来进行的。通过迷你创业园创业模拟，学生可以实现创业课程以及创业模拟实训之后真实的创业实践。迷你创业园借鉴"格子店"的商业模式，用60平方米的场地，设计250个微型商铺，可以让学生分组体验商业项目的选择，训练客户意识、团队合作、营销沟通能力等创业技能，也在经营过程中增强了创业精神。创业孵化是最高端的部分，针对少数具有创办企业潜质的学生进行筛选，对于有市场前景、有优秀团队的学生项目，准入孵化园（160平方米场地）。孵化同提供免费办公设施、公共秘书服务、创业政策咨询、商业化辅导与营销支持、雇用劳动

合同范本、注册与税务咨询服务、外部投资的联系与资讯等。待取得盈亏平衡，即可离开孵化园。

②创业教育辅助体系。辅助体系中，创业大赛每学期一次，发挥营造校园创业氛围的作用，从而增强学生的创业精神和创业意识，同时也训练参赛学生的创业技能。创业辅导与咨询也是常设教学项目，每天安排值班老师，以帮助学生提高其开办公司的技能。创业论坛每周举办一次，学生针对经营管理问题、商业项目、创业想法等议题进行自由辩论，目的也是营造校园创业氛围，增强学生的创业精神和创业意识。

③创业研究。创业研究是高校创业教育体系持续发展的技术支撑。和其他学科一样，研究是教学的基础，不但为教学提供新内容，还为教学提供新方法。创业与创业教育研究工作主要靠学校的相关机构和人员，通过探索创业活动与创业教育的规律，获得有价值的理论成果。

7.“分阶段，多层次”的广州城市职业学院创业教育模式

“分阶段”主要是指根据创业人才培养阶段目标的不同而采用的由浅至深、参与度由低至高的教育模式；“多层次”主要是指根据学生的兴趣度、参与度的不同而采取针对型或大众型的教育模式。分阶段、多层次创业教育模式可分为三个阶段：创业意识引入阶段、创业模拟演练阶段、创业实践阶段。

（1）创业意识引入阶段。这个阶段注重普遍撒网，关注的是全体学生，属于大众型创业教育。此阶段又可根据活动开展区域的不同分为课内和课外两种创业教育：①课内创业教育——教学做一体化的创业活动。这一阶段要有专业教师指导，设置的门槛低一些，创业活动要能同专业课程有机结合，归属学生创业意识的课内基础培训。此阶段的创业教育可以覆盖到专业 100% 的学生。②课外创业教育——SELM 创业教育模式下的第二课堂创业活动。此类活动能充分利用学生的课余时间，提高学生学习效率，属于学生创业意识的课外基础培训。此阶段的创业教育可以覆盖专业约 90% 的学生。

（2）创业模拟演练阶段。这个阶段关注有兴趣创业的部分学生，注重创业流程的学习，创业团队的培养，属于针对性创业教育。首先，成立学生创业活动平台。此环节提供从事创业活动学生交流和沟通的平台。通过这个平台可以获得专业教师的指导，创业项目的共享、培训、孵化等支持。其次，在创业模拟演练阶段，学生不断挖掘并开发创业机会，从而实现价值创造，多为有兴趣的同学主动参与，老师参与指导。此阶段为学生创业计划撰写、创业团队组建、创业融资等创业技能的培训，覆盖到专业约 50% 的学生。

（3）创业实践阶段。这个阶段关注有兴趣且有能力创业的精英学生，属于针对型

创业教育。在这个阶段，充分利用校企合作平台，邀请企业家、高层管理人员，引入企业真实创业项目开展创业，或者在企业的扶持和赞助下挖掘创业机会进行创业。创业实践活动不仅培养精英学生所必需的领导力、全球化的眼光、敏锐的市场意识、务实的作风、锲而不舍的精神、组织运作能力和为人处世的技巧，还包括商业谈判技巧、市场评估与预测、启动资金募集方式等，并使学生具备关于金融、财务、人事、市场、法规等方面的基本知识。此阶段属于学生创业意识、创业思维、创业技能的全面培训，其创业教育可以覆盖到专业约 10% 的学生。

8. 以“创新创业教育中心”为助推的中山职业技术学院创业教育模式

创新创业教育中心针对创业核心能力的开发，在校内建设了创业策划工作室、创业申办工作室、创业管理工作室、大学生创业园（1000 平方米）、创新创业教育教学工场（500 平方米）等创业实训实践场地，在校外与中山市政府共建共享 13000 平方米的中山市大学生创业孵化基地等一系列创业实践、孵化基地，并获得广东省创业培训定点机构认定，为学生创业能力的培养和提升打下了坚实的基础。以此为依托，中山职业技术学院形成了独特而有成效的创业教育模式。

（1）培养目标。创业教育的目标可以分成三个层次：第一个层次为创业意识教育目标，主要是普及性的大众创业教育，学习和了解创业；第二层次为创业通识教育目标，初步普及创业知识，培养创业创新素质；第三层次为创业职业教育目标，丰富创业知识和提高创业技能，培养具有经营能力的创业人才。

（2）制订创业教育教学方案，改革创业教学管理模式。改革传统教学管理模式，修订专业人才培养方案和教学计划，增加创业教育内容，实行专业教育中渗透创业教育。建立开放型学籍管理制度，探索实施创业教育弹性学分制，允许创业学生实行“创业工学交替”，分阶段完成学业。

（3）适应区域经济协调发展，选取创业教育教学内容。创业教育课程设置和教学内容选择时，成立了由本土创业企业家组成的课程教学指导委员会，结合社会需求和学生情况，秉承高等教育“校企合作，工学结合”的人才培养思想，根据行动导向体系的教学思路，以创业全过程为主线脉络将课程内容分为“选业（企业创建策划）+ 开业（企业申办登记）+ 守业（初创企业管理）”三大项目。课程注重充分发挥行业、企业及学生参与课程的积极性，实现了显性课程与隐形课程相结合，学科课程、活动课程与实践课程互动，认真执行“做、学、教、考一体化”的教学模式，构建出“知识、实训、实战、拓展、评估”五位一体的创业课程教学体系。

（4）灵活组织创业教育教学，改革传统单一教学方法。课程组织方面，高校创业教育可实行创业意识教育、创业通识教育和创业职业教育三者相结合；课程类型方面，高校创业教育可实行必修课、选修课和任选课三者相结合；课程层次方面，高校创业教育可实行基础课、中间课和提高课三者相结合；教学方法方面，高校创业教育可实行学生主体教学和教师主体教学相结合。

（5）丰富创业教育考核形式，创新创业教育评价机制。创业教育考试考核注重理论和实践相结合，笔试和口试相结合，学生、教师和企业评价相结合，重点以提交调研报告和创业计划书、创业实训实践实战等为考核内容。高校创业教育评价机制涉及创业教学和实践过程中的计划、实施、检查和处理（PDCA 循环）。

（6）保障机制。建立“双师结构”创业教学团队，加强创业教育师资队伍建设；切实保障创业教育教学经费，多渠道筹措学生创业资金；建设校内外创业教育基地，提供创业咨询服务平台；培育创业教育良好环境，营造创业教育文化氛围等。

9. 浙江经贸职业技术学院“2+1”创业教育实践模式

所谓“2+1”创业教育模式，即面对全体大一、大二学生，采用普及型创业教育，通过渗透、结合的方式，将专业教育与创业教育有机融合，以培养创业意识、提高创业素养为教学目标；专门设立创业学院，吸收大三年级中有创业意向且有创业条件的学生，采用以培养自主创业者为教学目标的专业型创业教育模式。其主要措施包括以下两方面。

（1）普及型创业教育。这种方式不需要打破现有的课程体系，主要是在已开专业课程中融入创业教育元素，可以开设与创业精神、创业实务有关的必修课或选修课，培养大学生的创业意识，提高创业素养。首先，培养目标——培养创业意识，提高创业素养。其次，课程体系包括创业教育课程，可以有两种授课形式即融入专业课程授课和独立授课。再次，创业实践教育，如组织学生进行市场调查、社会调研等活动，定期邀请社会上有经验的创业家、企业家以及相关领域的政府官员到学校开设讲座，开展创业大赛，建立模拟企业，建立校内创业实训室和校外大学生创业实践基地等。最后，进行评价。评价应注重过程评价、多样化评价等。

（2）专业型创业教育。本阶段的创业教育，主要以创业实践教育为主，理论教育为辅。第一，培养目标——培养自主创业者。第二，进行课程体系改革，创业教育课程应包括创业理念、创业素质、创业知识、创业流程和创业管理五个方面的内容。第三，创业实践教育，创业实践教育实施步骤包括团队组建、市场调查、项目分析、过程指导、评估报告等。实践包括模拟创业（课堂创业模拟，网上模拟创业）、创业实战（网上创业，实体创业）。第四，师资建设，包括专职和兼职教师的培训和建设。第五，评价体系建设，评价应力求过程性评价与结果性评价相结合，实行弹性学分制，建立创业跟踪体系等。

10. 有效融入 KAB 课程的常州工程职业技术学院创业教育模式

KAB 是英文 Know About Business 的缩写，大学生 KAB 创业教育（中国）项目是共青团中央根据创新创业的时代要求，服务青年就业创业的现实需要，与国际劳工组织合作推广的青年创业教育项目。KAB 课程的主要任务是揭示创业的一般规律，传承创业的基本原理与方法，培养学生的企业家精神，包括创业精神、冒险精神、团队精神和敬业精神，使其具备将来从事职业所需的知识、技能和特质。课程按照“什么是企业”“创业人的特质”“如何成为创业者”“如何产生一个好企业想法”“如何组建和运营一家企业”“如何准备商业计划书”这样一个知识体系，对企业、创业等职场元素进行了分析和介绍，通过心理评估和团队游戏等帮助学生了解创业者基本特征和所需素质，使学生了解创业这一从产生创业想法、写出创业计划书、组建一个企业直到运营的企业发展、运作的基本过程。与传统创业课程相比，KAB 项目不仅具有系统、完善的教学体系，而且在教学模式上更加强调互动性的参与式教学，结合成人学习的特点，通过角色扮演、头脑风暴、商业模拟游戏、创业人物访谈、团体游戏、纸笔练习、小组项目完成、案例讨论等多种形式的教学方法，使学生在开放、愉快的学习环境中，通过活动体验来自己发现、解决问题，“做中学”“学中做”，并在这个过程中提升学生沟通、团队合作等综合素质。在整个课程实施过程中，教学始终围绕三个方面的目标：首先，提升学生的创业意识，使学生能够从职业生涯规划的层面上，更加深入地了解创业的内涵，把创业作为一种可能的职业选择来看待，以使其在做出创业选择时保持理性；其次，帮助学生了解创业运作的基本规律和过程，掌握初步的创业技能，借此更加深刻地理解职业环境；再次，帮助学生认识并提升超越创业选择本身的创业精神和重要的职业素质，包括沟通能力、团队合作能力、创新能力、项目管理能力等，提高其毕业后的职场适应能力和竞争力。

四、中国高校创业教育的阻滞性因素

尽管高校经过十余年的实践，各自开创了具有特色的创业教育模式，取得了大量的创业实践成果。但也要看到，我国高校创业教育还处在初级阶段。总体上讲，与普通高校创业教育以及国外创业教育相比较，我国高校创业教育并不乐观，还存在一些阻滞性因素，这具体表现在以下几方面。

1. 环境层面：缺乏氛围，重视不足

从创业教育发达的国家的经验来看，创业教育要获得深入发展，必须在全社会范围内形成良好的创业教育氛围。例如，美国社会鼓励创业、宽容失败，基本形成了社会化的创业教育网络。但在我国，由于长期受儒家文化的影响，民众以朴实、敦厚著称，对于创业这种颇富冒险精神的活动往往缺乏主动性，对创业教育也不够重视。目前，我国创业教育的动力主要来源于政府的促进，但是这种驱动作用仍然不够显著。因此，总体上来看，我国还未形成创业教育的社会氛围。

2. 理念层面：认识不清，理论滞后

创业教育的提出虽然已经有一段时间，但是仍然有很多人对创业教育认识不清、理论滞后。有的人认为，创业者只是少数，就业者才是社会的大多数，所以创业教育是在做无用功；有的人认为，就业的难度大，创业的难度更大，创业教育是难上加难；还有的人认为，创业教育只不过是为了缓解就业压力而“临时抱佛脚”罢了，并不真正以实现创业为目标。事实上，创业不只是一种活动，更是一种意识和理念。但是，大多数高校的领导者仍然没有认识到这一点，所以目前的创业教育多数只是“小打小闹”，而没有纳入核心的办学体系中。

3. 方法层面：手段单一，形式僵化

当前，我国正在不断深化教育体制改革，但是，传统的教育模式仍然在根深蒂固地影响着具体的教育教学实践。在创业教育方面，主要表现为教学手段单一，教学形式僵化。大多数教师还是以课堂讲授为主，既不能根据学生的兴趣、爱好等具体问题具体分析，又不能灵活地应对各种突发情况，同时，还缺乏与学生的交流与沟通，降低了学生的积极性、主动性。即使有些教师采用案例式、交互式等教学方法，也是灌输多于体验，禁锢多于释放，高校创业教育的现状与发展对策解放，导致创业教育收效甚微。

4. 条件层面：师资短缺，设施不足

任何事情想要成功，都需要具备一定的条件。离职创业教育要想取得实效，也必须具备相应的条件，主要包括师资和设施两个方面。创业教育具有创新性、实践性等特征，要求教师既要有深厚的理论根基，又要有丰富的实战经验。但事实上，大多数高校都是由原来承担就业指导类、经济管理类、思想政治教育类课程的教师进行创业教育，缺乏专业的创业教育师资队伍。这些教师中有的对创业教育的认识尚不深入，更遑论实际的创业经验了。创业教育是要培养既能从事一般劳动又能从事某种开拓性创业活动的劳动者，所以、不能“纸上谈兵”“浅尝辄止”。要开展深入的创业实践活动，就必须提供相应的设施和平台。然而，由于受到观念、场地、经费、人员等多种因素的影响，许多高校对创业教育实训设施的投入严重不足，导致创业教育陷入“空有一副皮囊”的尴尬境地。

5. 评价层面：忽略反馈，标准不明

要想不断完善创业教育，就必须对之进行恰当、合理的评价。只有进行恰当、合理的评价，才能准确了解创业教育所达到的效果，才能快速找出创业教育存在的问题，才能提高创业教育的质量，同时，通过评价，对表现优异的教师和学生进行奖励，也有利于提高师生参与创业教育的积极性，从而促进创业教育的发展。但是，多数高校都忽略了评价反馈这一重要环节。有些院校在很大程度上偏向于对教师教学水平的评价。有些院校评价标准不明，评价内容泛化，无法准确反映创业教育的效果，这些都不利于高校创业教育的发展和完善。

第三节　我国高校创新创业教育的启示与发展

一、我国高校创新创业教育的启示

创新创业教育在欧美等发达国家几十年的历史长河中，一直深受重视，其发展和实施现今已非常成熟并颇具规模，国外各学术界专家对创新创业教育相关领域的研究已经完成从定性深入到定量层面的转化。美国、英国、澳大利亚等国家的创新创业教育相对于我国已经有几十年的发展历史。他们以创业过程为核心，构建一个从内至外的完整的教育课程体系与传授创业相关技能的模式，造就出大批拥有首创观念、冒险精神、创业意识与工作的自立能力等创新型的开创性人才。发达国家的创新创业教育已经呈现出从生存型到发展型的承接、从阶段性教育延至终身教育、从经济领域到文化领域拓展、从宏观内容到细化内容等一些特点。他们从科学认识创业的高度上，推动整个经济发展、科技进步与社会创业进程的步伐，突显了社会公益性的特征。

经过近几十年的发展和完善，发达国家已建立以全日制课程模式为主的正规学历型职业教育和以短期特殊培训课程模式为辅的非正规学历型职业教育的、完备的、形式多样的高等职业教育体系。纵观发达国家高等职业教育发展历程，可以得到如下几点启示。

（一）社会经济和科技的不断进步是高等教育发展的直接动因

20 世纪六七十年代，世界范围的一些经济发达国家，由于产业结构的调整、生产方式的转型以及新的管理制度的引进等原因，都促使生产一线迫切需要补充大批既懂理论又具有较高水平的高等职业技术应用型人才，而这种类型的人才是普通高等教育培养出来的人才所不能与之相适应的。为此，各国产业界强烈呼吁大力发展高等职业教育，培养高层次的职业人才，这就是高等职业教育在世界发达国家和地区迅速兴起、蓬勃发展的直接动力。这要求我们在制定高等职业人才培养模式时，应充分考虑社会经济的现状和发展趋势，做到与时俱进，这样才能保证高校人才培养模式适应的长期性和发展性。

（二）课程教学体系的灵活性和职业功能性是高等教育发展的重要保证

课程教学体系的灵活性和职业功能性是发达国家高等职业教育课程教学体系所共有的基本特征。发达国家许多高等职业技术学院均设有可提供高级文凭、证书或证明的课程，课程内容广泛，既着眼于专业能力的培养，又注重基本知识的学习和基本职业技能的培养。在课程设置方面，十分注重增强课程的弹性，兼顾理论和实务，广泛增设选修课数量，注重学生个性的发展和职业适应性的需要，在课程内容方面，注重围绕社会的需要，坚持以职业对技能和知识的实际需求为课程内容的依据，重视课程的职业功能性。

（三）课程体系实施方式的针对性和实效性是高等教育发展的基本特色

课程实施目标明确、理论与实践结合贯穿始终、教学方法独特实用是发达国家高等职业教育课程实施方式的基本特色。课程实施最终通常体现在两个方面：一是实行面向社区、面向行业、面向地方经济的“三面向”方针；二是保证课程体系的完整性和保证满足学生上岗、就业的需要。课程是教学内容的集中体现，而教学内容又是人才培养模式的关键部分，因此，课程体系的改革将是人才培养模式创新中重要的体现。

（四）多样化的产学合作教育形式是高等教育发展的必经之路

发达国家高等职业教育多样化的合作办学形式，有利于学校与企业之间在人力、物力、财力和实践场所方面的资源共享，缩短高级专门人才从理论到实践的距离，加速了高级专门人才的培养。企业拥有物力、财力和实践场所，但需要智力和人才支持；而学校搞教学和科研又需要财力、物力和实践场所的帮助，科研成果也急需投入应用，特别是应用性科研成果，必须尽快投入应用才具有真正的价值。通过多种形式的产学合作，把两者的优点结合起来，做到一举多得、共同发展。

从中外高等职业教育的发展和经验来看，产学合作教育是办好高等职业教育的必由之路。要实现高等职业教育的人才培养模式创新，应该正确处理两者的关系。

（五）实现办学层次适度高移是社会经济和科技进步对高等教育发展的必然要求

人才的合理结构是社会和经济正常运行和发展的基础，而教育类型的合理结构是社会人才合理结构的根本保证。从发达国家职业技术教育发展来看，高等职业教育正逐渐向高层次延伸。

从高等职业教育的产生和发展来看，它总是随着社会和经济的不断发展而不断变化和适应，办学层次的提升是适应当今经济社会发展的有效对策。因此，我国高等职业教育人才培养模式中应及时关注到这个趋势。通过对国外高校创新创业教育的比较研究，我们知道在世界范围内高等职业教育蓬勃发展的大格局下，可从国外多样化的人才培养模式中吸取宝贵的经验，并准确把握高等职业创新创业教育的发展趋势，这对于我国高等职业创新创业教育的发展和改革会起到重要的借鉴作用。

二、我国高校创新创业教育的发展

我国的创新创业教育发展经历了不同的阶段，每个阶段都有着不同的发展变化。

（一）提高创新创业素质的教育

提高学生创新创业素质必须要培养学生创新精神和实践能力。创新创业教育是设定创新创业精神的重要途径。中国高校创新创业教育从起步阶段就已经确立了面向全体学生的教育价值取向，将创业教育的目标定位在培养学生的创新意识、创新精神和创业能力。在《创业教育试点工作座谈会纪要》文件中强调：“创业教育是知识经济时代培养学生创新精神和创造能力的需要，是社会和经济结构调整时期人才需求变化的需要”；“高等学校要不断提高人才培养的质量和社会适应性，同时更要加强对学生的创新意识、精神和能力培养。”但由于受传统教育思想影响，加之大学生就业压力不断增大，高校创新创业教育并没有将这种正确认识上升为理论自觉，在实践过程中确实出现了一些功利性做法。一些高校希望通过创业教育，产生出大大小小的“老板”，或复制 个比尔 盖茨。把创业教育当作缓解就业压力的权宜之计，试图以当老板来开辟就业的另一个战场。事实已证明，这种浮躁的教育理念会使“学生创业公司”一哄而起，又一哄而散，无法使创业教育活动持续发展下去。如果片面理解“以创业促进就业”的科学内涵，简单开展一些创业培训活动，更无法培养出适应社会需要的创业型人才。正是因为意识到这些现实问题，2010 年教育部下发《关于大力推进高等学校创新创业教育和大学生自主创业工作的意见》，再次强调了“以培养学生创新精神、创业意识和创业能力为核心”的价值定位。将培养“高素质创新型人才”作为面向全体学生的首要目标，而将培养“自主创业者”作为对“一部分学生”将来的“期待”。从仅仅培养少数自主创业的“毕业生企业家”转变为培养全体学生“具有创业精神和心态”。可见，自主创业毕竟永远是少数人，而让学生具有开创性精神和能力素质的培养更具有普遍意义，因为社会和企业倾向于重视受雇者的创新精神、冒险精神、创业能力、独立工作能力及其他技能。这也是对我们高校创新创业教育目标的一个非常明确和准确的表述。正是这一新的目标定位，推动中国高校再次掀起创新创业教育的高潮，而且更加理性和稳健。

当下学界普遍认为，我国高校存在大学生创新精神不够、创新能力偏低、创业意愿不足、创业规模偏小、生存型居多、知识型创业偏少等问题。在西方创业教育并不特别关心价值观念方面的内容，一个原因是在人本主义的整体教育观之下，每一个个体的观念都得到了充分发展，另一个原因是生涯教育的普遍介入，使得学生已经能够较好地选择自身的发展道路。不过，中外创业教育的外部环境差异较大。我们知道，在“学而优则仕”“君子喻于义，小人喻于利”等传统文化心理的影响下，优秀人才的从业倾向是偏重于体制内，而不是民营经济等，是“稳定压倒一切”而不是“机会险中求”，是倾向于投机和寻租而不是脚踏实地的创新创造，以至于非竞争性生产领域过多地吸引和浪费了青年人的创造性。持续多年的“公务员热”和“国企热”生动地说明了这个问题。这个问题在“资源驱动”阶段并不十分突出，因为那时经济所看重的是物资与自然资本，而不是具有创新创业才能的人，因而这个时期的创业教育主要集中在商学院，只是培养少量具有明确创业意向的个人。

但在“创新驱动”时代，最重要的因素是多多益善的创新创业人才，所以创新创业教育必须面向全体学生开展，以使尽可能多的优秀人才主动倾向于运用他们的创新创业能力，这就要求创新创业教育必须在开放平等和非灌输的环境下开展价值观念教育，即价值的思维能力和做出价值选择的决定能力；澄清他们人生发展的原则、价值、理想；帮助他们将创新创业行为同一个连贯的、有原则的生活理想联系起来。换而言之，创新创业教育既要指导学生“把事情做得正确”，更要引领学生对创业是否为“正确的事”做出判断。

（二）促进就业的创新创业教育

创新创业教育是实现“以创业促进就业”的基础工程。我国高等教育从20世纪起，为了更好地满足广大人民群众接受高等教育的愿望，同时拉动内需，借以刺激消费，孕育新的消费意识和消费热点，拓宽消费市场，从1999年开始对高等学校开始扩大招生规模，虽然高等教育对经济发展产生了“即期拉动作用”，但经过十余年的观察与科学论证，扩招拉动经济效应的同时，也使毕业生面临着就业困难的问题。自2003年之后，当扩招后的大学毕业生走进就业市场的时候，大学毕业生供需比例出现了失衡，就业难的问题开始突显出来。10年来，全国普通高校毕业生从2003年的145万一路攀升，2013年总数达到近700万人，平均每年增长20.86%，总扩展比例高达45.5%。与此同时，我国社会同期大约保持在900万个新增加的就业岗位。高校毕业生总数量占社会新增加就业岗位数的比率从12.1%一路飙升到65%。据了解，2007年也成为普通高等学校毕业生就业的转折点。为什么这么说，2007年，普通高等学校毕业生达到495万人，比2006年增加近82万人，毕业生人数占社会新增加就业岗位数的55%，它第一次超出社会新增加就业岗位的半数多，社会新增就业岗位的主要竞争者半数以上都是高校毕业生，而现今中国社会的就业难问题，具体来自于高校毕业生、国有企业深度改革中下岗失业、分流、登记失业、农业产业化和城镇化造成的农村富余劳动力的转移、军队转业人员等一并成为我国当前主要新增求职群体。尽管毕业生就业普遍出现了就业岗位层面扩大、下移和分化的情况，完成了从“精英就业”到“大众化就业”的转换，但是从 2003 年以来，官方提供的初次就业率始终在 70% 上下浮动，这就意味着大学生毕业时的失业率约为 30%，加上未被统计的隐性失业和往年失业的毕业生人数，中国社会科学院在《经济蓝皮书》中估计，每年有近 200 万的大学生失业，而且在受国际金融危机冲击和危机仍未见底的情况下，大学生失业规模仍有继续扩大的趋势。这加剧了国家经济结构调整过程中出现的就业压力的问题，同时严重影响了全社会和谐稳定，更不利于高等教育自身的发展与改革。

同时，一些企业提出了大学毕业生因缺少创造思维等职业能力而不能适应企业竞争的需要，世界经济合作组织（OECD）在《中国科学技术的发展趋势和政策挑战》中指出，中国的教育系统在大学生的创造思维培训方面较弱，有些企业经常抱怨中国的大学生只懂理论，而动手能力较差，缺乏创新意识、创新思维和创新能力等状况。面对日渐突显的职业能力不足的问题与日益严峻的大学生就业问题，人们逐渐开始反思我国高等教育发展过程，如何能够培养出既可以求职于社会岗位，又能够创造新的社会工作岗位；既能通过在工作岗位创业并创造价值，又能做到岗位创新并推进企事业单位发展的毕业生等一系列的问题进入我国教育视野。这种传授了学生创业相关知识，在就业、创业过程中却不能完全适应社会发展变化需要的问题成为高等教育在创业教育领域中存在的突显问题。

中国社会正经历着经济体制、社会结构、社会形态三方面的转型变迁，社会经济生活在这种整体转型期间，一边实现不断地迅猛发展，一边让我们陷入了史无前例的困境，高校毕业生就业困难的问题显见成为我国当下亟待解决的难题之一，也是我国步入新世纪以来面临的一个重要的教育与社会问题。各种研究表明，高校毕业生就业困难是一种结构性的就业困难，是大学生的素质与能力无法适应转变经济发展方式需要的就业困难，从而引发了政府、社会以及高等教育本身对我国高等教育人才培养的思考，经研究、挖掘、沉淀，创新精神与创业能力成为适应转变经济发展方式的人才培养关键内容，引起多方面的重视，并开展了众多的实践和研究。

因此在转变经济发展方式的背景下、在当前金融危机冲击下，积极鼓励学生自主创业，在创业过程中创新，将创新意识、视野、思维、理念和能力融入创业的整个过程中，从而使高等教育在人才培养的模式上，审视过去的同时开始新的尝试与探索，如何培养出更多更优秀的具有创新精神、创业能力的人才。

事实证明，经受了创新创业教育的学生其主动性和创新精神得到了提高，更便于其成功就业或在岗位上获得很好的发展。同时，经过创新创业精神洗礼的学生，在其内心深处已经种下了创业的种子，这颗种子会在其就业几年后的某一个合适机会，发芽、开花结果。可见，要解决我们高校毕业生就业的问题，只有大力开展创新创业教育，才能更好地实现“以创促就”。创新创业教育不是一般的教育，它能培养出更具有创造性、想象力、创新精神和开拓能力的人才，这些人才不仅是适应社会，更是要改造社会，他们是未来社会政治经济生活的积极参与者，社会文化的积极创造者。

（三）服务创新型国家建设的创新创业教育

创新创业教育是培养创新型人才的重要途径。胡锦涛在全国科技大会上的重要讲话中指出“培养大批具有创新创业精神的优秀人才，充分发挥科技人才的积极性、主动性、创造性，是建设创新型国家的战略举措”，“坚持走中国特色的自主创新道路，建设创新型国家的战略决策”。在知识经济时代，一个国家国际竞争力的标志将是创造力。一个国家创新人才的数量、质量和结构，决定着一个国家整体创造力的大小。而培养创新人才过程中，教育处于主导地位。只有教育创新，才能培养创新型人才，才能建设创新型国家，而创新创业教育正是教育创新的具体成果，成为培养创新型人才的重要途径。在高等学校开展创新创业教育，积极鼓励大学生自主创业，是教育系统深化学习与实践科学发展观，为创新型国家建设而服务的重大战略举措。

第一，开展创新创业教育必须要转变传统教育思想和理念，它是对自由、民主、公正等现代教育理念呼应的一种新的教育理念；也是对传统教育模式扬弃的一种新的教育模式。

第二，创新创业教育深化、促进了高等教育的改革发展与实践创新。提高人才培养质量和创业教育管理水平，是促进大学生创新精神和实践能力的不断提升，最终实现其全面发展的重要途径。创业与高等教育具有天然的联系。创新创业教育是一种能力教育，将二者相结合，将会为人类从独立和创新的学习中带来巨大的效益。

第三，创新创业教育的独特之处在于，创新创业是政府、企业、社会与大学之间关系的纽带与桥梁，在一定程度上创新创业也是落实以创业带动就业、进一步促进高校毕业生充分就业的重要措施。

在创新驱动发展方式下，加强大学生创新创业观的教育，引导大批优秀的大学生参加创新，投身创业，利用所学的知识参与到转变经济发展方式的过程中去，已显得尤为关键和必要。推进创新创业教育在普通高等学校深入开展，是我国对高等教育的现实需求；更是发达国家正在兴起的一个高等教育趋势。创新创业教育最终为国家加快转变经济发展方式服务，为深化高等教育教学改革、提高人才培养质量、促进大学生全面发展服务，为落实以创业带动就业、促进高校毕业生充分就业服务。创新创业教育是适应经济社会发展和高等教育自身发展需要应运而生的教育理念，是培养创新型人才的独特方式，服务于创新型国家的建设，成为创新型国家建设的基础工程，并具有非常重要的教育价值及战略意义。

我国创新创业教育经历了多年的发展，尽管转变经济发展方式从资源驱动转变到创新驱动的这种变化在国际上已有较多实践，但我国转变经济发展方式的历程不会完全与其他国家相同。我国的创新创业教育在创新驱动发展中有自己的共性和特殊之处，从而为适应于转变经济发展方式的中国创新创业教育赋予了自己的特色。

我国的创新创业教育具有如下特点。

（1）政府重视和支持的力度渐增。各级政府为鼓励大学生们自主创业，更好地开展创新创业教育活动，陆续制定颁布了一系列相关规章、政策，并给予很多相关的资金资助和保障服务。

（2）课程设置初成体系。从 2012 年 8 月，教育部明确规定将《创业基础》作为高校必修课。部分学校开设了理论、实务和实践类的相关课程。同时创新创业教育的相关教材从以往依靠翻译为主的情况，逐渐转为国内编写，并初具规模和水平。

（3）教学方法和手段渐渐丰富多彩。为全面开展创新创业教育，高校教师在教学过程中逐步采用角色模拟、师生互动、案例分析、计划大赛、实地见习等手段和形式，来提高学生们创新创业的综合素质和能力。

（4）创新创业教育规范化。各高校逐步出台了创新创业教育的管理规章制度。例如,《创业教育学分管理条例》等,同时为学生们制定了创业必备的《创业教育读本》《学生创业手册》等，以此更好引领学生们创新创业教育活动。

（5）创新创业教育研究机构和实践教学活动数量渐多。由科技部和教育部联合启动的国家大学科技园建设项目及高校自建的创业园数量快速增长。国内很多大学校园为进行实践教学，建立了创业者协会、创新创业中心、大学科技园、“双实双业”、基地和创业孵化园。各省部级高校还专门设置了创新创业教学机构，为更好地开展创新创业教育提供了大量的智力支持。

总之，不管从哪个角度来审视，创新创业教育都是为了满足不同主体的需要，这也是党的十八大报告指出的，经济发展方式转变依赖于创新创业活动，提出要“鼓励创业”“促进创业带动就业”“实施就业优先战略”“支持青年创业”等方针政策。随后发布的《中共中央关于全面深化改革若干重大问题的决定》再次提出：“形成政府激励创业、社会支持创业、劳动者勇于创业新机制。”切实加强创新创业教育的管理工作，进而更好地改革创新创业教育人才培养模式，这已成为全世界教育改革和发展的新趋势。

第三章　高校创新创业教育的创新研究

第一节　高校创新创业教育的新范式

我国教育部门于 2010 年 5 月下发了《大力推进高等学校创新创业教育和大学生自主创业工作的意见》，意见指出创新创业是强化高校人才培养效果的有效路径，是一种符合社会发展战略的新型教学模式。高校应该在教学过程中渗透工匠精神和企业家精神，让学生树立自主创业和创新的意识，并将创业创新贯彻落实于实践之中，与此同时，高校要为学生创业创新开辟土壤，从而为创业创新型人才的培养奠定坚实的基础。

一、基于工匠精神、企业家精神的高校创新创业教育内涵

所谓工匠精神是指精益求精的精神，可以将其分为三个方面的内容：①精湛的专业技能；②开拓创新的精神；③爱国爱岗精神。基于工匠精神和企业家精神的创新创业教育，不仅有利于提升高校教育教学的水平，还能在专业技能层面和社会需求层面着手，培养学生的综合能力。首先是培养学生的专业技能，在工匠精神理念的倡导下，高校应该要求学生加强对专业技能知识的学习，并把握实训机会，在实践中验证和磨炼技能，以此让学生形成勇于创造和精益求精的精神，将其作为基础，不断做出创新和创业的尝试，最终得到一定的实践结果。其次，在企业家精神的熏陶和影响下，学生的创新意识和能力得到有效提升，在新时期背景下，社会经济正处于转型升级的关键时期，社会对创业创新型人才十分渴求，而企业家精神的内涵就是培养学生的创业创新能力，契合社会当前的需求，符合时代发展的需要。因此，高校应基于企业家精神，对教育方法进行创新，开创大众创业、万众创新的人才培养结构。基于企业家精神的创业创新教育，要求高校尽量避免纯粹的技术导向，而是要对学生的市场参与意识和能力进行培养，并对企业的运作和规划进行大致的了解，促使学生掌握一定的企业经营管理办法。最后，高校还要强调思想道德素养培训的重要性，通过各项教学活动的开展，不断提升学生的思想道德素质，端正学生的工作态度，培养爱岗敬业、报效国

家的优秀人才，只有具备工匠精神和企业家精神的人才，才是社会真正需要的人才。

在新时期背景下，随着社会产业优化改革的不断推进，社会对高校人才培养提出了更高的要求，高校所培养的人才不仅要具备实践技能，还要具备创业和创新的意识。但从实际情况上看，高校人才培养效果较为有限，究其原因，主要是高校人才培养方式过于传统，无法将工匠精神和企业家精神融入教学之中，由于未受到工匠精神和企业家精神等先进理念的熏陶，致使学生的创新创业意识和能力提升效果有限，学生的综合素养也因此无法满足社会企业的需求，从而对高校人才培养效果造成了不利的影响。

二、基于工匠精神、企业家精神的创新创业教育策略

与传统教育方式相比，三阶三维立体化人才培养方式具有十分显著的优势，具体表现为将工匠精神和企业家精神融为一体，将其作为引领，可以把整个创新创业教育划分为三个阶段和三个维度，从而形成独具特色的高校人才培养体系，注重对学生创新创业精神、意识和能力的培养。具体表现为以下方面：

（一）三阶段教育

大部分大学生的在校时间都为三年，可以将在校期间的三年划分为启蒙、成长和成熟三个阶段，并根据这个阶段的实际情况，采取层次性分段式的人才培养方法，高校可以将学年作为依据，设计培养内容，并将工匠精神和企业家精神贯穿于三个阶段之中，培养学生的创新精神，有效达成培养目标。

启蒙阶段对应学生的第一个学年，此时学生刚刚踏入高校的大门，会感到陌生，因而，该阶段的培养目标应该为创新意识培养。具体表现在以下几个方面：①学生可以根据课堂所学知识内容，独立完成专业课程的创意设计；②学生初步建立正确的逻辑思维，并能够灵活运用头脑知识，设计别出心裁的作品。考核启蒙阶段的指标应该包括创意作品、创意体会。考核制度应采取竞赛制度，这样一来，就会激发学生的参与欲望。

培养学生的创新能力应该作为成长阶段的人才培养目标。具体表现为，学生应该将头脑中的创意转化为实践，在这个过程中，学校应该为学生提供创意转化的空间，因此，学校应该加大校内基础设施的建设力度，在校内建设创新创业基地和实验室，让学生在这些场所内将头脑中的创意转为实践成果。此外，学生还应该在创新过程中联系生活，设计出具有实用价值的创新产品。产品设计比赛、创新实践比赛是该阶段主要的考核方式，该阶段考核的侧重点为创意成果。

创业意识和创新创业能力是成熟阶段的培养目标。主要表现在以下两个方面：①学生在头脑中应该形成一定的创业观念和意识，并具备基础常识。②学生对企业的经营发展流程有初步的了解，或可独立完成真实的经营项目。该阶段考核的侧重点在于创业训练项目设计和试运行，高校应根据项目设计的可行性以及试运行的效果，对人才培养效果进行评价。

（二）三维度教育

三维度教育由以下部分组成：①创客文化教育；②专业课程教育；③课外实践教育。这三个部分组合到一起就构成了三维教育体系。其中创客文化教育同样可以细化为三个阶段，其作用在于培养学生建立创新创业精神。第一个阶段为启蒙阶段，学生在该阶段会在创客文化的熏陶影响下，初步形成创新创业意识。第二个阶段为成长阶段，学生在该阶段需要对创客文化进行学习。第三个阶段为成熟阶段，在该阶段学生应该对工匠精神和企业家精神有所领悟，并产生独到的见解。高校应该立足于实际，结合校园环境的实际情况和特征，在校内举办创客作品展示，并将创客文化渗透于各项教育活动之中，例如：就业指导课、职业生涯规划课程等。简言之，学校可以将这些课程作为创客文化教育和宣传的载体，以拓展宣传范围，强化教育效果。

专业课程教育应该围绕三个阶段，做好课程开发和课程体系的设计工作。在启蒙阶段，高校应设置创新创业公共课程和基础课程，让学生对创新创业具有一定的了解。成长阶段设置专门的创新创业课程，主要目的为提高学生的创新创业技能。成熟阶段，高校可以通过实训课的方式，提高学生的实践能力，具体表现为高校可以与有关企业和行业协会进行合作，并到企业进行深入调查，对岗位工作技能和要求进行明确，并以此为基础，设计和开发实训课内容，构建理论与实践紧密相连的课程体系。将社会企业对人才的需求作为基本出发点，将创新创业意识渗透于实训课之中，把创新创业成果体现出来，这样一来，不仅可以强化人才培养效果，还能推动高校教学体系的改革和升级。

课外实践教育维度同样可以划分为启蒙、成长和成熟三个阶段。启蒙阶段主要是学生增长经验和参与的阶段。成长阶段主要是高校为学生提供参与竞赛的机会，并对学生的成果进行评价。成熟阶段是指高校应该引导学生独立完成项目训练和运营。具体表现在以下三方面：①高校应该定期举办技能竞赛，并确保每个学生都能参与其中，以此来培育学生的工匠精神，并锻炼学生的技能。②高校应鼓励学生积极参加社会外界举办的创新创业活动，例如：互联网创新创业比赛、创意设计竞赛等，加深学生对创新创业的记忆和理解，促使学生创新创业能力得到有效提升。③指导学生进行创新创业的尝试，并为他们提供资金和技术上的帮助。

（三）加大工匠精神和企业家精神文化的宣传力度

加大工匠精神和企业家精神文化的宣传力度，培养学生的创新创业意识。高校应该将宣传工匠精神和企业家精神作为出发点，创新宣传形式，提高宣传的效果。例如：高校可以在走廊或教室中开辟单独的展位，专门用于展览创意作品，让学生在潜移默化期间受到工匠精神文化的熏陶，具体内容为雕塑、字画等，其目的在于培育学生的创新精神。此外，高校还应定期开展主题讲座，将企业家文化精神作为主题，并邀请地区范围内知名的企业家为学生指点迷津，传授创业经验，在学生心底埋下一颗创业的种子，使学生加深对企业家精神的理解，并在学习过程中尝试创业。

（四）丰富课外实践活动，构建创新创业体系

课外活动对培养学生的创新创业能力来说十分关键，因此，高校应将三阶段三维度教学模式贯彻落实于高校教学的全过程，鼓励学生积极参与课外实践活动，并在实践中了解掌握企业家精神和工匠精神的内涵，从而形成创新创业意识，推动学生的发展。例如：广东省某高校就基于工匠精神和企业家精神，鼓励学生参加校级，乃至省级的 ERP 沙盘大赛，通过参与课外实践活动，学生的创业创新能力实现了稳步提升，高校的人才培养目标也就此达成。

综上所述，在新时期背景下，社会对创新创业型人才十分渴求。为此，高校应该基于工匠精神和企业家精神，创新人才培养方式，培养出具备“双创”意识、精神和能力的人才，以此来满足社会的需要，促进社会的发展。

第二节　高校创新创业教育师资培训

当前高等教育在培养人才的过程中，有一个必要的项目，那就是创业教育。高等教育要针对当前的创业人才培养方案进行改革，把创业教育和专业教育结合在一起，挖掘不同专业课程，其中的创业资源。在授课的过程中，既要重视专业教育，也要重视创业教育。高校在开展创业教育的过程中，能够培养出更多的创新创业人才，从而为社会增添合力。也能满足一些企业对于人才的需求，在国家内部引起新的创业风潮，促进社会经济的发展以及产业的升级。关键词：高校创新创业教育师资培训创业是目前学生就业的主要方式，高校要认识到创新创业教育在开展过程中，对于学生的影响意义。提高师资力量，组建一支素质较高的创新创业教师队伍，正确的开展创业教育工作。

一、高校创新创业师资建设存在的问题

（一）创新创业师资整体不足

当前很多高校缺少优秀的教师，还有一部分创业教师专业性较差，理论性较差，无法根据当前的创新创业需求进行教学的调整。当前的师资结构也不够合理，有很多就业指导老师，辅导人员缺乏就业理论，不能进行教育管理，在实践教学和理论教学的过程中，无法对全过程，有良好的把握。也不能指导学生合理的开展实践学习。这些教育工作者也缺少专业性，不能把专业课程和创业课程完美地融合在一起。

（二）创新创业师资培训机制不健全

很多高校在开设创新创业教育课程的过程中没有设立专门的机构，或者是专门的平台来从事这项工作。针对创新创业教育工作，没有进行长远的规划。一部分教育工作者只是短暂的接受过创新创业课程的培训，就开始上岗，没有实践经验，对于理论知识掌握的也不够完善。这些教育工作者没有接受后期的培训。学科师资中，老中青，相接的师资梯队尚未形成，传帮带的学术团队，尚未建立，各个高校的教育工作者，没有针对创新创业知识，进行沟通交流。

（三）创新创业师资评价机制不科学

高校对创新创业教育的认识还不充分，高等教育体系中，创新创业教育处于边缘化的身份，实践体系，包括教师评价体系均处于探索阶段，大部分高校的情况，还将接受创业教育后创业学生人数的多少、创业资金获得的多寡、创新创业竞赛获奖的数量、专利获得的数量等定量指标，来作为主要的评价指标，教育的核心任务：要帮助人构建起符合时代精神的思维方式被忽略。

二、影响创新创业教育师资培训质量和效果的因素

（一）受训者基础

在新时代教育课程开展的过程中，创新创业教育重要的组成部分。每个院校的创新教育课程的教育工作者，在授课之前所学的专业并没有包括创新创业教育这一部分的内容，还有一部分学校没有重视这门课程的开展，缺少专业的教育工作者。创新创业教育课程都是辅导员，或者是其他专业教育工作者兼职开展的。这些教育工作者不能把自己全部的精力放在创新创业课程上，而且缺少创新创业的教育意识，甚至没有认识到培训的重要性。

（二）培训内容与受训者需求

一些学校或者是学校内部的教育行政部门也开始组织教育工作者接受培训。但是受到了人力物力等多方面的限制，培训工作往往不能顺利地开展，而且不能根据受训者的实际需求，选择多层次的培训方式。很多教育工作接受的培训内容和实际工作不符合，出现了实践教育，脱节等多种情况。

（三）培训师的授课艺术与技巧

在培训活动开展的过程中，培训师占据着主导地位，授课的技巧方法会直接影响到整个结果。很多省级的培训主管部门，在组织教育工作者接受培训的时候，选择的培训主讲师都是在行业内部有影响力，或者是专业性比较强的人，但这些培训主讲师往往不懂得教育的方法，取得的授课效果也不够理想。

（四）培训制度体系

很多高校在开展创新创业教育培训的过程中，没有设立详细的教师培训计划，一些民办的院校在开展教师培训的过程中设立的制度，以及计划不够完善，也没有充足的教学资源。而且针对教师培训这个过程中，没有设立评估机制，无法对具体的培训效果进行考量。

三、完善高校创新创业教育师资培训的措施

（一）积极培育创新创业教育师资团队

要想取得较好的教学效果离不开专业素质较高的教学团队。高校在开展创新创业教育的过程中，要拓展师资的来源，吸引更多专业的优秀的教育工作者前来应聘，并组建专业的教师队伍。

（二）加强培训调研

培训主办方也要根据实际情况进行培训教学的调整，坚持针对性的教学方法。在培训的过程中，要了解教师的需求，在尊重教育工作者的基础上，满足教育工作者的需求，增加对教育工作者的关爱，这样能够提高他们的积极性和动机感。这样在开展教育培训的过程中也能快速地提高这些教育工作者的专业性。在开展完培训工作之后，要积极的调研，对于培训效果进行，具体的了解分析，评估之后针对当前的培训方式进行改善。

（三）精心选择培训师和培训方式

开展完调研工作之后，根据实际情况来调整培训的主题，以及培训的内容。培训

主办方也要选择专业的培训讲师，针对典型的案例进行讲解，并不断地更新理念更新创业的经历，选择有丰富创业经历的讲师来进行培训工作，这样才能够让教育工作者感受到培训讲师的思维，从而提高自己的创新创业思维能力。

（四）加大创新创业教育师资培训的经费投入

高校的教育工作者在接受创新教育培训的过程中，会受到学校以及政府的支持。政府以及学校会拨专项的工作经费，针对当前培训经费短缺的问题进行解决，确保教育工作者在接受培训的过程中，能够得到资金的保障。

（五）创新培训途径

要组织教育工作者参加一些有关创新创业教育的培训活动，创业教育涉及的内容十分广泛教育工作者很难在短时间内了解这些内容。为了解决这些问题，要针对教育工作者进行长期的培训。制定详细的培训计划，并组织优秀的教育工作者接受专项的培训，例如职业指导师的培训，或者是创业咨询师的培训等等，最好能够组织这些教育工作者考取相关的资格证书，这样在开展创业教育过程中将会更加的专业。

学校要积极地进行校企合作，组织创业教育工作者深入企业进行培训实习。因为开展创新创业教育对时间的要求很强，如果仅仅依靠理论教育，那么不能够满足学生对于创业知识的需求，必须要增加一定的实践教育才能够把这些理论应用在实际上。教育工作者可以直接深入一线进行实践生产，对当前的市场动向需求有所把握之后，把自己的感想和一些想法分享给学生，为学生进行创业规划。教育工作者在实践的过程中也要针对不同的岗位了解，具体的人才需求，岗位的管理规范以及相关的技术方法，针对开展的创新创业教育体系，进行完善，确保教学的实效性。

要鼓励教育工作者，带领学生，深入社会，或者是参加一些创新创业的比赛活动。学校也要大力支持这些活动，可以给学生教育工作者提供一定的经费，在学校内部创办创业比赛，营造良好的创业氛围。创业小组也要积极的和主办方沟通，尽可能地为学生提供更多实践的平台。

在学校的带领下教育工作者也要参加有关创新的研讨会，或者是研究会。当前在国家政策的扶持下出现了电子商务，等一些新兴的产业模式，这也给学生的创业带来了更多的机遇，学校要根据实际情况开设特色的创业课程，培养学生的创业意识，以及创业能力。并针对创业内容和创业课程进行不断地改善，不断地调整，确保能够给学生提供更多有用的信息，有利的价值。

（六）构建完善的创新创业师资培训体系

1. 制定教师在职培训、继续教育制度

很多创新创业的教育工作者都没有接受过专业的培训，要组织这些教育工作者进行在职培训，并提供经费的保障。这样这些教育工作者才更有学习的动力，也能够积极地利用课后的时间，了解一些相关的知识。组织这些教育工作者学习新知识，帮助这些教育工作者快速的适应岗位的需求。

2. 加强师资培训项目建设。

良好的培训项目能够帮助教育工作者树立创新型的创业理念。在接受创新创业教育的过程中坚持教学的主动性。

（七）建立合理的激励机制

产学研协同创新，积极的转换，创新创业的成果。要鼓励这些教育工作者在教学过程中进行课程的研发。在学校内部开设创业工作室，逐渐创新创业队伍，对于一些资质较好的项目给予资助。

以赛促建，组织学生积极地参加创业技能比赛，在参加比赛的过程中，提高自身的专业能力。针对优秀的创新创业教育工作者要给予一定的评优评先的倾斜。

（八）构建高校创新创业质量评价体系

针对教育工作者当前的教学效果进行评价，在这过程中，既要考虑到创新创业的成绩，也要考虑到这些教学成果，对社会带来的影响，对学生带来的影响。建立完善的考核，淘汰制度，充分的发挥考核的激励作用。针对这些创新创业的教育工作者，进行评优评先，鼓励这些教育工作者，在教学的过程中积累经验和学生共同成长。在处理一些科技成果，或者是收益分配的过程中要鼓励教育工作者进行技术转让，把这些成果技术引入市场。

高校在开展创新创业教育的过程中，要积极的和企业合作。在政府的支持下，组织教育工作者接受创新创业的培训，为学生和教育工作者提供更多创新创业的平台，多开展一些创新创业的技能比赛。鼓励学生和教育工作者积极地参与。既要重视专业教育，也要认识到创新创业的教育的重要性。

第三节　“双创”背景下高校创新创业教育

通过对高校创新创业教育实施现状的分析不难发现，普遍存在教学理念落后、师资力量薄弱、课程体系不完善、评价方法不科学等诸多问题，导致创新创业教育的实效性较差，不能达成创新创业人才培养目标，给高等职业教育发展造成了一定的阻碍，难以满足“双创”这一时代背景下创新型国家的建设要求。鉴于创新创业教育的重要性，高校必须要积极实施教育教学工作改革，针对创新创业教育弊端采取行之有效的改革措施，确保创新创业教育能够充分发挥效用，从而为大学生就业和创业创造有利条件，为全面小康社会的建成添砖加瓦。

一、“双创”背景下高校开展创新创业教育的重要意义

（一）有利于创新型国家建设

自党的十八大以来，全面建成小康社会已经成为现阶段国家的重要战略，只有全民共同富裕，才能保持社会的和谐稳定，人们的安居乐业，国家的发展也会蒸蒸日上。要想达成这一目标，就需要全体公民能够积极参与，贡献自身最大的智慧和力量，而创新创业人才更是在此过程中发挥着关键性的作用。可以说，创新创业人才的数量和质量将直接影响全面小康社会的建成时间，更关系到创新型国家战略能否顺利实现。基于此，高校开展创新创业教育可谓势在必行，通过不断改革和优化教育理念和教育模式，有助于提高大学生的创业意识和能力，将会有越来越多的大学生选择自主创业，创业成功率有了大幅度的提高，显著改善了国民生活质量，对创新型国家建设和全面小康社会建成起到积极的推动作用。

（二）有利于提升高等职业教育水平

长期以来我国高校给各行各业输送了大量技能型人才，充分满足了各个产业和领域发展对人才的需求，给社会主义现代化建设注入了新鲜血液，促进了新思想、新技术、新工艺的不断萌发。然而随着高等职业教育体制改革，由精英教育逐渐向大众教育过渡，大学生就业形势变得愈发严峻，在此背景下国家提出了“双创”理念，希望能够以创业带动就业，促进我国经济的长足发展，赢得了社会各界的广泛支持，取得了非常良好的成效。高校应积极响应国家号召，将创新创业教育严格落到实处，致力于培养更多具有创新创业能力的大学生，进而推动高等职业教育向更高的层次全面迈进，给大学生就业和创业提供更加优质的服务。

二、基于“双创”的高校创新创业教育优化策略

（一）革新创新创业教育理念

“双创”背景下要想保证高校创新创业教育改革的顺利实施，教学理念的变革是必要前提，在先进教学理念的指导下高校开展的创新创业教育必然会焕发新的气象，在

促进学生创新创业知识水平和能力水平的提升上卓有成效。高校要将创新创业教育的重要性普及给全体教职工，转变他们传统落后的教育思想，使之认识到创新创业教育是高等职业教育改革的必然需求，创新创业能力是当代大学生不可或缺的基本技能，以此来唤醒他们的责任感和使命感。与此同时，高校还要给创新创业教育的开展提供方方面面的支持，加大资金投入力度，对教学资源进行合理配置，要将提高大学生的综合素质能力作为创新创业教育的根本目标，着重培养大学生的创新意识和进取精神，锤炼他们的意志力，使其能够勇敢面对挫折和挑战，这样大学生在创业中就不会轻易被击垮，将会在成功之路上越走越远。

（二）加强创新创业教育师资队伍建设

教师是决定创新创业教育质量的关键因素，加强师资队伍建设是“双创”背景下强化创新创业教育效果的必要举措，高校要定期组织创新创业教师培训工作，提高教师群体的专业素养和教学水平。如高校与企业进行合作，派遣教师到企业中学习，了解企业的日常管理和市场运作。高校还可以举办学术交流会，鼓励创新创业教师积极参与，通过讨论来解决创新创业教育中存在的问题，学习有效的教学方法，积累更多的教学经验。此外，高校要对创新创业教师实施聘用制，定期考核，优胜劣汰，对评估分数较低的教师要及时调整岗位或者解除聘用关系，以提高创新创业教师进行自我学习和自我提升的积极性。

（三）改革创新创业教育课程体系

课程体系的建立健全是高校创新创业教育改革的一个重要内容，要求高校能够明确创新创业教育目标，制订合理的教学内容和教学方法，致力于向学生清晰展现创新创业教育的价值功能，促进学生创新创业能力的稳步提升。一是要明确创新创业教育所处地位，构建必修课和选修课相结合的教育制度，精心设计相应的教学内容，学生可以根据自身需求选择创新创业课程，学习专业化、系统化的创新创业知识和技能。二是在课程设置上应加强理论和实践的有机融合，加大实践课程比重，有目的、有计划地训练学生的创新创业实践能力。三是高校需要加强与企业的深度合作，获得企业的资金支持，建设校内外实训基地，将创新创业教育场所搬到实训基地，让学生可以边学边做，调动学生的主观能动性和内在潜力，促进他们创业意识的萌发以及创新创业能力的发展。四是高校还应经常性地组织创新创业活动，营造良好的“双创”文化，潜移默化地向学生渗透创业思想，激发学生的创新思维，在创新创业教育中也要采取行业订单教学模式，或者积极模拟创业情境，抑或是搭建商务贸易平台，给学生创造实践机会，促使学生能够在创新创业实践中快速积累经验，准确把握市场环境，学生所选择的创业项目在市场竞争中也会占据更大优势。

（四）完善创新创业教育评价体系

创新创业教育是一项复杂的系统工程，“双创”背景下高校要立足于本校教学实际，制订出科学合理、公正客观的创新创业教育评价体系。①在对创新创业教师的教学评估方面，高校要制定多维度、多层次的评估指标体系，构建起校领导、教师、学生等多方参与的立体化评估机制，让每个创新创业教师的教学过程得到真实客观的反映和评估。②在对学生的创新创业学习成绩评定方面，既要重视书面考试的成绩，也要注重实践训练的成绩，同时将教师、学生、企业管理者对学生的日常学习和实践训练表现的评价纳入考核中，力求全面地反映学生的学习情况和实际能力水平。

综上所述，“双创”背景下高校创新创业教育改革迫在眉睫，需要高校能够加强创新创业教育教学理念、课程体系、评价体系的更新和完善，加大创新创业教育师资队伍建设力度，确保学生能够接受系统化、专业化的创新创业教育，获得创新创业能力的良好培养，从而实现创新创业人才培养目标，为学生的自主创业打下坚实的基础。

第四节　智慧教育引领下高校创新创业教育

伴随我国经济快速发展，社会对创新创业人才的大量需求与高等教育高端人才供给不足的结构性矛盾越来越突出，高等教育传统的教学方式弊病逐渐显现。近年来，数字化校园建设不断成熟，智慧教育受到高校教育者更多关注，构建智慧教育新体系势在必行。课程不仅是智慧教育的关键，也是创新创业教育的根本，智慧教育通过“互联网＋教育”，打造智慧学习环境，通过教学模式和方法的变革，为培养学生创新创业能力和素养提供了有效手段。

一、智慧教育的内涵及特征

（一）智慧教育的内涵

智慧教育将云计算、大数据、移动互联网、人工智能等新一代信息技术手段融入教育体系中，打破传统的教育模式的束缚，构建网络化、数字化、智能化的教育新生态。不难看出，它是新一代信息技术在教育领域的推广和应用，通过深度融合，打造智慧教育学习环境，为学生提供了泛在化、个性化学习方式，引导学生智慧学习，培养具有实践能力和创新能力的人才。

（二）智慧教育的特征

一是创新性。智慧教育提供了智慧学习环境，包括教学策略、教学过程、教学形式、教学评价等一系列方面的创新。智慧教学环境激发学生主动学习和探索学习的能力，培养学生的实践能力和创新创业能力。

二是融合性。智慧教育提供了各类资源的融合，包括学习资源的融合、教学手段的融合、学习方式的融合、师资队伍的融合、评价方式的融合等。智慧教育学习环境有利于学生学习潜能的挖掘，满足不同学生个性化和多元化学习的需求。

三是契合性。智慧教育实现了教与学的高度契合，主要通过实时教学、高效互动、科学分析来体现。实时教学突破时空限制，便于教学资源实时获取；高校互动突破课堂限制，便于师生之间、学生之间交流互动；科学分析记录学生学习过程中的数据，让评价更加科学有效。

二、智慧教育模式下创新创业教育探索

近年来，安徽中澳科技职业学院在“德厚三分、技高一筹”的校训引领下，办学质量逐步提升，培养的毕业生得到用人单位的青睐，体现了学院内涵建设和创新创业教育成效。为进一步推进双创教育改革，学校开展了诸多有益探索。

（一）搭建双创与信息化相支撑的组织保障

为推进学院创新创业教育工作，成立了安徽中澳科技职业学院创业学院，建立了院、系两级创新创业教育工作体系。创业学院整合各种校内外资源，负责全院大学生的创新创业教学、创业实践与创业研究工作。修订人才培养方案，开设创新创业教育通识课程；组织开展“互联网 +”、挑战杯等创新创业比赛和相关主题讲座；指导大学生创业孵化基地建设，重点培养工作室带头人和创业团队；组织开展大学生创新创业教育研究，开展创业导师培训与管理等工作。召开学院双创工作会议，确定了就业创业工作领导小组成员，制订了《创业学院孵化制度》等规章制度，开展学院双创工作的顶层设计。2018 年 1 月，学院获批“第二批省级创业学院”“省级众创空间”，推动学院双创教育工作上了一个新的台阶。同年 4 月，学院召开信息化工作领导小组会议，明确了工作分工和重点，稳步推进智慧校园建设，也为双创教育工作开展提供了保障。

（二）探索基于云平台的创新创业架构

高校信息化建设已经进入智慧校园阶段，通过教学平台、资源平台、服务平台、活动平台等各类校园应用融合，为师生的学习、活动和生活提供一个高度信息化的平台，旨在构建一个基于云平台、大数据、互联网的开放共享、泛在互联、智慧决策的

校园新生态。借助智慧教育的理念和方法，为大学生创新创业教育提供智慧化的学习环境。

（三）打造双创教育智慧型教师队伍

为提升学院双创教育师资队伍水平，依托校企合作、校校合作等平台，通过“请进来、走出去”的方式，邀请创业导师、知名专家、企业高管等为学院教师授课，先后有 60 余人次参加各类创新创业学习与交流活动；分别与黄淮学院创新创业学院、用友新道、安徽工业大学合作交流，开展创新创业、V 创 /V 综、创造学师资专线培训，初步培养了一支由校内外教师构成的近 30 人的专兼职教师队伍。构建智慧型创新创业教学模式离不开智慧课程教学骨干师资队伍建设，开展创新创业教育要经常性组织信息化学习培训、交流研讨、信息化大赛等活动，促进双创教师的信息化素养和应用能力提升。

（四）探索“四创”为特色的创新创业课程体系

为推进双创教育工作，学院积极探索“创新—创意—创造—创业”的创新创业教育特色体系，包括通识课程 1 门、创造学课程 1 门，在线课程 3 门。2018 年，面向全体大一新生开设《创新创意》课程；针对对创造发明感兴趣的学生，开设《创造学》课程；与超星公司合作，开设 3 门在线课程，初步构建线下课程与线上课程相结合的特色双创课程教学资源库。整个双创教学引入学习通平台，实现了全过程的教与学，覆盖学生数约 1500 人次，激发创新创意想法近 200 个，获批发明专利 2 个，体现了课堂成绩与在线学习及线下成绩相结合，真正实现形成性考核的成效。2018 年秋季尔雅课程报告反馈:《创新思维训练》入选学院排名前 20 的通识选修课，学生成绩考核优秀率达到 40.82%，通过率为 91.84% ;《大学生创新基础》成为学生最愿意推荐的 5 门课程之一。课后调查反馈：学生对于创新创业课堂引入智慧教育教学方式，98% 以上持赞同态度。该模式不仅提高了学生学习的主动性和学习兴趣，而且增强了学生的团队意识、创新意识以及沟通表达能力和创新能力。

（五）探索校企融合的创业实训平台

学院整合校内外各种资源，搭建能力学习、实习实训、创业模拟等平台，包括普通话模拟测试与学习平台、“互联网 + 国际贸易”技能实训平台、ITMC 电商营销平台等，用于提升学生通用能力和专业能力。近年来，学院高度重视产教融合工作，与新道科技股份有限公司共建创新创业学院，搭建“商业社会情景模拟”和“创新创业情景模拟”两大实训系统（简称“V 综”和“V 创”）。V 综和 V 创实训系统以任务驱动教学，以情景化方式引导学生自主学习、实训，主要面向会计、市场营销、电子商务、计算机网络技术、移动互联等专业学生，覆盖学生 900 余人次。V 综、V 创实训系统可以对学生的课堂表现、学习记录、学习过程进行全程记录，实现过程性考核与结果性考核相结合，并对学生的学习效果进行统计和分析。此外，学院还与安徽高梵电子商务有限公司合作，成立了中澳·高梵电子商务大数据学院，开展“双十一”实战实训活动，期间实战平台总接待人数为 17 万人次，月均接待人数为 2425 人次，总销售额 676 万元。

（六）探索立德树人的创业培育平台

立德树人是高等教育的根本任务和历史使命，学院秉承“德厚三分、技高一筹”的校训，坚持以思政课作为大学生思想政治教育阵地的同时，充分发挥第二课程成绩单软件“PU 口袋校园”的作用，开展红歌赛、读书节、艺术节、学术讲座等活动。“PU 口袋校园”激活学生数 2307 人，占学院在校上课人数的 90.4%，活动参与人次达到 18710 人次。学院每年都举行大学生职业生涯规划大赛、“挑战杯”、“互联网 +”大学生创新创业大赛等赛事，学生参与度高，覆盖面广，取得了较好的成绩。另外，学院依托艺术类专业建立了图层设计院工作室，为学生提供了实习就业岗位，为想创业的学生积累经验提供了便利。创业培育平台的搭建开拓了学生眼界，提高了学生思想道德境界，激发了大学生创新思维能力。

创新创业人才已经成为当前高等教育人才培养的目标，在教育信息化背景下，创新创业教育改革，势必引入智慧教育学习环境，构建基于智慧型课程教学为主的创新人才培养模式。随着云计算、大数据等信息技术的发展，高等院校要从组织保障、智慧云架构、师资队伍、课程体系、实训平台、培育平台等方面全方位、系统地开展创新创业教育，为培养高素质创新人才进行积极探索。

第五节　高校创新创业教育能力类课程设计

创新创业教育课程体系的设计可以说是职业院校穿心创业教育的核心环节，如何针对不同阶段、不同环境下的学生进行创新创业能力的培养，可以说是整个课程体系设计研究的重点问题。目前一些职业院校在创新创业教育能力类课程的设计中并没有结合自身的条件和经济发展的特点及需求，这是导致创新创业课程实施效果不理想的主要原因。因此，高校创新创业教育能力类课程的构建应该遵循该校学生的能力差异和本土文化差异，有针对性地培养不同层次、不同阶段的大学生，让每个学生都能在提高自身创新创业能力的基础上提高就业竞争力。

一、高校创新创业课程体系实施现状

课程是创新创业教育由理念转化为实践的有效载体，是实现创新创业教育的关键。高校创新创业课程体系主要包括三个方面：一是要开设面对全体大学生培养创新创业意识和动力的基础课程；二是要对一部分有较强创新和创业意愿的大学生开设创新创业专业课程，包括创新创业基本知识、技巧和技能；三是结合实际项目和活动，结合教学理念与实践，有针对性地开设创新创业实践课程，在大学生创新创业过程中给予相应指导。这些课程体系相互交叉和支撑，相互作用，能够更好地促进高校创新创业教育的开展，但课程安排、教学方法、实训实践等方面还面临重大挑战。

（一）专业教育和创新创业教育缺乏有机结合

在我国，高校创新创业课程的开设片面地认为是创新创业基础知识的学习，缺乏创业能力和创业意识的培养，导致大学生在创新创业课程开设期间很少涉及自主创业项目。在这种环境中，高校专业教育和创新创业教育的结合有所欠缺，在专业课程中基本操作技能能简单理解和掌握，在创新创业课程中基本创新创业理论知识也会涉及，但两者分化严重，大学生总体实践能力和运用能力没有得到提高。

（二）课程内容与实践缺乏结合

我国高校创新创业课程总体以课堂为主，课外活动是极少数人的活动。而在课堂中，授课模式还比较传统也比较单一，对于国外引进的案例分析、小组讨论、头脑风暴、创业团队互动等活动，一方面指导老师缺乏实战经验，显得力不从心；另一方面大学生鲜少涉及，不得要领，通常采取应付式的态度和方式，而对于创新创业竞赛、创客活动等内容，不但要求高校教师和学生具备扎实的理念基础，还要具备较强的动手能力，学生参与的深度和高度都不容乐观。

（二）课程体系设计不合理

在我国创新创业政策推动下，高校非常重视创新创业课程，很多高校开设了丰富、多样化的创新创业课程，但一些课程不成体系。创新创业课程体系包括贯穿于课堂内和课堂外的创新创业基本知识、专业知识和实践知识。目前，我国高校对创新创业基本知识的已经全面普及，但涉及专业课程和实践课程，大部分高校很难全面铺开，也就是说高校都切切实实开设了就业指导中心的就业指导课程，但切实有效的实践课程很难落地，专业课程也鲜有涉及。这些课程是大多高校开设的选修课程，开课质量、数量和质量都无法保障。

二、高校创新创业课程设计面临的新形势

创新创业教育不是就业培训，而是素质教育的深化和发展。创新创业教育目标是以培养具有创业基本素质和开创型个性人才，通过创新创业教育，大学生不仅要具有创业意识和创新精神，还要具备创新创业能力，即创新性、创造性和实践性。目前，高校创新创业课程主要有三方面的问题急需解决：一是构建合理的课程体系；二是有机结合专业教育和创新创业教育；三是指导部分大学生参与创业。

虽然高校创新创业还未上升到战略局面，但引导高校创建高质量、高标准的创新创业教育成为我国实现科技创新和高等教育发展的重点。高校创新创业教育课程体系应着眼于“创新创业遗传代码”，创办最具革命性的高校创新创教育，为后续高校创新创业奠定坚实基础。

高校创新创业教育目标是培养具有基本创新创业素养和创造性发展的人才，使高校创新创业学生具备创新和创业意识、能力和责任，使其具备创新创业所需要的基本技能。高校创新创业教育应结合职业教育而形成具有全面性的素质教育，结合工学结合人才培养模式而形成具有创新性的能力教育，结合职业教育目标而形成具有发展性的就业教育。

三、构建高校创新创业教育能力类课程体系路径

（一）构建系统的高校创新创业课程体系

创新创业教育课程体系的构建不能简单地依赖现有的专业课程体系，也不是现在教学课程体系上创业课程的新增，应开设符合大学生需要和市场需要的创新创业课程体系。

首先，结合必修和选修课程。目前，我国高校已将必修课和选修课纳入学分制，这应该是未来高校课程设计的趋势，将创新创业课程体系与实践课程密切结合，分层次、分方向，面对不同年级的大学生开设不同创新创业基础课程。在此基础上，根据大学生的个性特征，有针对性地开设培训课程。面对大学生，开设创业特训营、创业英才班和全体大学生普及班的课程体系。另外，针对选修和必修课，可以开设“课程 +”模式，使大学生在课堂学习之外，从事实践活动。

其次，专业课程与创业课程相结合。目前，创新创业能够解决高校一部分就业，长远来看，创新创业教育应以创新型人才培养为目标。创新型人才的培养需要创业教育与专业教育有机融合，培养大学生创新意识和创业能力。

（二）构建开放式课程教学模式

1. 授课模式

创新创业教育不能停留在传统的课堂模式上，应该结合课堂教学和课外实践活动。课堂教学方面，应采取多层次的模式，不但要普及创业基础知识，还可以聘请企业或行业创新创业指导老师对学生进行指导，具体指导包括企业案例实战分析、成功企业经验分享、商业模式等，还包括创业团队创业环节的指导和点评，项目建设情况、经费预算审计、技术支持等全方位指导。除课堂上的基础知识学习和专家指导，高校还可以开展创业训练营和创业大讲堂等活动，丰富学生创业知识，促进交流与合作。

2. 项目推荐方式

有意愿和正在创业的大学生初期都要经历一段比较艰难的过程，高校在这个过程中能在项目发展和风险投资等方面给予支持就能让学生减轻压力，在课堂中在创业英才班、创业训练营等活动中聘请创新创业专家对高校教师和学生进行联合培养，在课外安排创业指导老师全程跟进学生创新创业项目，为学生把好关。聘请专家对项目进展进行多方位的指导，让学生具备企业家基本素质和素养。

3. 成果考核

高校最终在评估大学生的创新创业项目时，不能简单地以是否创建新企业为标准，应注重学生创新创业意识和精神的培养。在评估过程中，创新精神和创业意识虽然没有标准来衡量，但是在考核过程中，可以分等级进行考核，独立制作的商业计划和路演情况等可以请创业导师和投资人对其进行综合评分，以等级制衡量学生的成果。

（三）建立高校与社会服务协同机制

高校创新创业重要任务不仅关系大学生的创业教育，还关系社会培养创新创业人才。目前，我国创新创业型人才非常多，包括创业孵化器服务的管理人员、正在创业人士和一部分志在创业的人士。志在创业的人士需要良好的氛围鼓励和支持创业。受大众创业万众创新政策影响，我国涌现出一大批正在创业的人士，他们需要得到企业管理、风险投资等方面的指导，以推动创业成果落地。创业孵化器服务人员随着我国创业孵化器的快速发展而增加的人员也需要得到培训。在这三类创新创业人才培养过程中，高校应担负起自身使命，协同培养、协同服务。

综上所述，创新创业教育主要以提升学生的社会责任感、创新精神、创业能力为核心教育理念，以提高教育能力为基点，全面贯穿于人才培养的全过程。在教学过程中教师，要结合当下的经济发展需求，为学生制定符合自身发展的职业规划，不断提高人才质量。创新创业教育不是游离于人才培养中之外，也不是专业教育与创新创业教育完全分开，他们之间是需要紧密结合在一起的，只有这样才能根据院校自身的实际情况进行有针对性的调整。与此同时，高校需要建立创新创业人才培养目标的课程体系，使创新创业教育能力类课程设计以提高学生职业素养为基础，提升综合能力为本位，以培养学生的创新精神和实践能力为重点。

第四章　多元协同的高校创新创业教育

第一节　高校创新创业人才的多元协同培养机制

高校创新创业人才“多元协同”培养中主要包括了学校与学校外部的协同培养，也有学校内部的协同培养，是外部与内部协同培养的协调一致。本节通过对高校创新创业人才多元协同培养机制的基础理论、意义以及其中所存在的问题进行了深入的研究分析，并针对问题给出有效的解决措施。

高校要想培养出优秀的创新创业人才，就必须要结合时代发展的规律进行教育理念的创新，不断促进教育改革，优化培养模式。协同培养是以人才为主要核心，通过与其他高校、企业、政府等外部机构进行相互配合，实现多因素和多环节的协同配合，因此达到校内外的共同合作、协同培养，对教学资源进行有效的整合，发展成具有开放性的教育体系。

一、“多元协同”的基础理论

创新创业人才的培养需要突破原有的教育理念使教育的平台更加的广阔，更加丰富，更具有创新性。学校仅凭单一的教育模式，很难适应当前世界环境的发展变化，我国创新型国家的建设、创新性经济的发展有着更高的要求，需要加强与各界的合作，突破地域的限制，在协作上实现更高层次的融合建设，协统机制能够使创新型人才突破限制，呈现出新的形势对协同机制的理论与驱动原理有更高的理解与掌握，对于创造创新创业人才的协同培养机制有着重要的影响。

二、“多元协同”的概念与意义

（一）概念

多元协同教育理念的核心在于人才创新的培养，人才培养的质量是高效教育的关键因素。竞争力的形成与发展，关系到如何培养创新型的人才，我国的人力资源不仅仅需要的是理论研究的方向指导，重点是怎么样落实可行的教育理念。创新型人才的培养需要通过与协同机制的相结合，为创新人才的培养提供有效的支撑与帮助。

（二）意义

创新创业教育是高校在社会竞争中立足的关键，同时也是我国创新型国家建设、创新型经济发展的核心。在理论层面来说，协同培养能够丰富创新创业人才的协同机制研究。主要在于传统的教育理念进行转变，使被动创业演变为主动创业，因此培养出具有创新创业知识技能的人才。在实践的层面来说，对创新创业人才进行多元的协同培养，代表着高校的教育理念不再是传统的单一的教育模式，而是通过建设开放型的教育理念进行创业教育，突破学校与外部企业、政府等机构间的界限，实现资源共享、共同合作的教育方式。从而促进学校与外部机构的协同培养。

三、高校创新创业人才多元协同培养机制的特点

（一）培养目标的一致性

创新人才协同培养的各个因素都具有关键性的作用。由于协同培养共同的教育目标，从而构建了一个交易体系，通过体系间的每个因素的相互配合、相互协作使每个因素都能够发挥出自身的作用，从而达到多元协作的目标。协同培养需要每个因素之间相互联系，共同促进发展，在创新创业人才的培养上，始终坚持一致的教育目标，汇聚培养合力。

（二）教育系统的开放性

创新创业人才的培养是一个多种因素共同发挥作用的过程，比如像高校中各种资源、企业机构的各种平台、政府的政策等，这些因素本来是独立的、封闭的发挥自身的作用。协同培养是需要各个领域之间摆脱封闭、独立的局面，以合作共赢为主要出发点，致力于消除隔阂，突破各个要素间的隔断，实现资源的高效共享，形成优势互补、共同发展的协同机制体系，从而达到获得经济效益最大化的目标，使各个因素都能够发挥出自身的价值。

（三）教育效果的叠加性

创新创业人才的培养是需要多元领域的共同参与和协作。通过协同的机制作用，对政府的政策导向、高效的教育模式、企业的技术等各因素的优势得到发挥。使各个因素在原有的结构、功能以及方式上产生新的质变，提高每个资源的使用效率与效益，激发了每个要素间的价值，在相互作用的同时产生效应，从而实现协同培养的目标。

四、高校创新创业人才多元协同培养机制中存在的问题

（一）教育体系还不够完善

当前，我国高校的长信创业人才培模式用过开展创业课程等活动进行，还处于经验发展不足的探索阶段，没有建立完善的协同教育体系。在创业创新人才培养的基础上，只能依靠高校进行教育，缺少企业机构、非营利组织的参与，使创新创业人才的发展趋势呈现出单一化的现象。然而，在高校培养创新创业人才的过程中，采用协同体系，加强各个主体间的相互协作与沟通，能够使资源达到有效共享，使协同教育的作用能够最大的发挥。

（二）创新创业教育没有健全

当前，我国的创新创业教育还处于探索的阶段，在高校中没有专门的学科教育，也没有可以授予学位的项目。纵观全局，创新创业教育体系正在尝试与正规的教育体系相结合，其主要表现在：其一，创新创业教育的目标还不明确，我国高校的创新创业教育对象一般在于学生，并没有进行针对性的教育。并且，对于学生而言没有明显的突出性。使得创新创业教育在目标上不够清晰，没有层次的区分，不具有较强的针对性。其二，创新创业教育课程体系的建设还未完善，一般都以选修课程的形式展现出来，虽然在一定程度上提高了创新创业的重要性，但是教育体系还不够完善。其三，创新创业的教师队伍有待扩建。创新创业的教师队伍相对于创业教育来说，起步较晚。除了重视对专职教师的培养，企业机构的领导者和优质的技术人员也是不能够忽视的教育人员。另外，高效与企业、政府以及其他机构的合作要更加重视，协同发展是当前教育中必不可少的因素。

（三）校内外资源没有整合

在知识经济不断发展的背景下，高校处于开放创新的情况当中，与社会各个领域的机构组织联系密切，高校的社会服务职能也受到重视。当前，协同创新已经被广泛使用，逐步替代了独立创新模式，成了创新理论的新的趋势，资源整合方面也得到了有效的共享。高校在教学、科研、人才培养等方面有着明显的优势。企业在资金、技术等方面也得到了明显的提高。高校需要加强与其他主体间的协同合作，深入的激发自身潜能，这也是需要高校通过协同机制来进行的，有效的整合校内外资源的创新，能够加强对创新创业人才的培养。

五、高校创新创业人才多元协同培养机制的创新

（一）建立完善的教育体系

高校应当注重对创新创业人才的培养，加强理论指导教育。主要包括：其一，加强对师资队伍的建设，加大对教师的培训力度，指派专业的教师到企业机构培养实践能力，从而提高教师的创新创业能力。其二，建立完善的课程教育体系。课堂是培养人才的重要途径。高校要对学生开展创新创业知识活动，提高学生的创新创业意识。对有创业想法的学生开展具有针对性的教育。同时，高校还要与创新机构进行有效的合作，强化课程的教学内容。其三，改进创新教育的教学方式，要依照培养的要求制定教学计划，对全体师生的创新创业知识进行提高，在专业课程体系中加入技术创业的内容。

（二）健全创新创业教育

创新创业人才培养是一个复杂的过程，需要多方面主体的参与，具有较强的开放性。高校应当顺应时代的发展，制定有效的培养方案，对教育体系进行及时的调整。深入到行业、企业、政府当中，进行深度的访谈与调查，了解机构组织的需求。将其引入到创新创业教育当中。另外，还可以使学生到企业中实习，更加近距离的掌握企业发展的需要。

（三）对校内外资源进行有效的整合

高校应当建立具有开放性的大学教育制度。加强与外部企业机构的联系，重点关注校内外的交流沟通，主动与外部机构进行协同教育，积极开拓教学空间，为创新创业教育体系创造优良的环境。另外，设立创新创业学院，建立科学合理的教育管理体系，突破学院、学科、专业间的教学模式，使协同机制的创新创业体系得到落实。

创新是人类社会进步的核心动力和源泉，是一个国家、民族得以进步和延续的灵魂所在。创新与创业有着紧密的联系，正是由于创业家将各种要素组织起来进行再生产，并创新性地改变组合方式，才推动了经济增长。对于高校创新创业人才培养协同机制的研究，在理论方面有待进一步深化，研究方法有待进一步创新，研究内容有待进一步丰富，研究水平有待进一步提高。对此研究的深入探索，本人将会在不断学习中持续关注推进。

第二节　高校创新创业人才多元协同培养机制

高校创新创业人才多元培养机制主要在于内外结合协同培养人才。从外部角度分析，必须凌驾于不同的社会主体之上，突破它们的壁垒，促进整个网络系统的协调与配合，达到人才培养的目的。在学校内部，不同的要素与部门共同合作，让资源配置与行动共同得到优化。本节对此问题进行探析，分析实施中出现的问题，并提出了相关解决措施。

社会经济的快速发展，在发展中取得更大的进步，与创新创业人才是紧密相连的。近年来，高校在创新创业人才培养方面做了一系列的改革，并且取得了成效，但是始终不能跟上当下发展的步伐。创新创业人才的培养带有一定的难度，要想高质量地完成这项复杂的社会工作，它必须多方面的协调发展与合作。就结合当下的发展现状来看，很明显存在着脱节现象，因此如何解决高校创新创业人才的问题是高校迫切想要解决的问题。

一、多元协同培养机制的基本内涵与现实意义

多元协调培养机制是创新创业人才培养中各相关因素相互影响，相互作用与制约的结果。它包含了学校内部与外部，是统一的整体，不同社会主体之间的协同培养，学校内部为创新创业人才培养提供全方位的支持，从硬件与软件共同出发，相互补充，共同协作，达到资源的优化配置，最终获得进步。

多方协同与培养是创新创业人才实现的关键所在。创新创业人才有着独特的视角与思维，能够发现新问题、解决新问题，发现新事物，接受新事物，带有开创性。同时对于它的培养需要更自由广阔的空间，高校作为单一的主体是没有办法完成这一使命的，它必须融入更多的因素需求，才能有非常好的成效。需要多元主体的参与，类似于政府的大力支持，各单位的共同参与等等，做到内外结合，这样才能从根本上解决创新创业人才的培养问题，有利于资源效能的放大与优化，从而带动整个社会的进步，满足社会发展的创业创新人才的需求。

二、多元协同培养体制的构建

无论是哪一种协同培养，它都必须明确到每一个细节与要素，相互作用与配合，相互协调与促进，在支持中完善系统的结构，保证整个创新创业人才培养的有序进行，

最终达到人才培养的目的。

（一）外部协同培养机制体系

不断地完善多主体的参与，这是与政府、企业、学校、各行各业相关的体系，它跨界，必须达到战略统一。高校必须设置专业机构，解决社会发展的需要，要有前瞻性，掌握当下社会的发展趋势，这样才能做到与产业的需求相对应。同时对于人才的培养，高校是关键成员之一，必须参与整个方案的制定，结合相关专业让学生了解专业发展与前景，从实际出发，收集相关单位对人才的反馈信息。以创新创业人才为目的，重新构建课程体系，在课程的设计上必须更加的特色，与企业、课外教师相结合，共同合作与发展。以创新创业人才为导向，对评价模式进行调整，构建多元主体参与的质量评价系统。

资源缺乏在整个创新创业人才培养中是非常关键的问题。多元主体的共同协作，从政府出发必须制定相关政策给予支持，充分利用财政资源，鼓励学校与企业进行合作共同培养人才。利用学校的教育资源与人才优势，搭建政校企培养人才的平台。带动合作企业的转型与进步，完善技术的创新，改善服务，为学校提供更加专业的人才信息反馈。其次不同的主体拥有着不同的利益追求，这样才能维持长期的合作。在整个合作中，必须注重三者利益的平衡，政府政策与财政的支持，企业实践基地，高校的教学优势，聘请专业的技术型人才教师，提升整个教师退伍的能力与素质，参与创新创业教育以及相关企业的实践活动，明确相关产业的发展趋势共同协作，这就是多元协同培养机制的重要体现。

（二）内部协同培养机制体系。

国内教学在教学模式相对传统，不能满足当下社会的人才需求。办学资源相对分散，学科与专业之间清晰分隔，教学方式封闭，长期如此不利于向创新创业模式进行转化。最终导致整个人才培养系统没有一个统筹的规划，人才培养的质量与效益都受到了一定的影响。因此高校必须提高警惕，注重内部协同培养机制体系的建立，将资源集中并进行优化配置，培养出优秀的人才，满足当下社会发展的需求。

首先从课堂出发，必须注重人才培养的协同发展，每节课之间要形成衔接，从传统的相对割裂模式走向融合。确立创新创业人才培养的理念，明确人才培养的目标。可以进行跨学科专业的设置，进行不同方式的人才培养，可以从类别与专业进行分化，从学生的兴趣出发提高引导，让学生自主选择自己喜欢的专业，这样学习起来更有激情。对于课程的设置要更加的多元化，这样可以为学生提供更多的知识选择。鼓励双学位多专业技术人才的发展，可以成立相关实验班进行培养，将学科充分综合起来，从整体上带动学生的发展。

其次教育与科研必须做到融合，在大学中，科研它带有教育性，培养创新创业人才必须充分利用科研的教育性。通过相关科研活动，提高教育水平与创新创业人才的培养能力。教师与学生都会从中受益，掌握专业的知识，推动彼此的共同进步。教师获得了更前沿的专业知识知道，学生也开阔了思维，提高了科研素质与水平，所以将科研与教学相结合有利于创新创业人才的培养。积极的鼓励学生参加科研活动，举行科研竞赛让学生从中获得乐趣，这样才能推动整个创新创业项目的发展。学校必须充分发挥自身的主观能动性，注重学科与专业一体化的发展，其次学校的各个部门都要发挥自身的作用，充分投入到创新创业的项目中去，了解整个项目的发展，了解社会的发展需求，从而在人才培养上实现更大的进步。

高校创新创业人才机制的出现是社会快速发展的产物。传统的教学模式已经无法满足当下社会发展的需求，所以高校创新创业与多元协同人才培养机制的融合，赋予了整个教学改革新的内涵，带来了发展机遇。推动多元协同人才机制的发展，必须内部与外部相结合，从多元主体出发，平衡利益，政策与财政支持，教学软件与硬件相结合，才能从根本上推动整个高校创新创业人才项目的进步。

第三节　地方高校创新创业人才“多元协同”培养机制

伴随着国务院《关于深化高等学校创新创业教育改革的实施意见》的出台，高校在创新创业人才培养方面进行了一系列尝试，取得了一些成效，但仍然无法满足社会对创新创业人才的需求。创新创业人才培养是一项系统工程，须政府、高校、行业、企业等多方协同培养。在此背景下，高校应该做些什么？如何去做？这是高校面对时代要求必须回答的问题。

在长期服务行业发展过程中，地方行业特色高校在行业内积淀了良好的人脉和较高声誉，其贡献和价值不仅赢得了行业内企事业单位的赞许，同时，也得到了社会的广泛认同，相比其他高校，在行业科技创新和人才培养方面，比较优势明显。因此，地方行业特色型高校在产学研协同育人方面，应基于行业科技创新前沿，持续为行业发展提供人才培养支撑。但实践中，由于我国高校创新创业教育起步较晚，在培养机制上，政府、高校、行业与企业等社会组织尚未形成合力，存在较为严重的脱节现象。因此，如何有效整合各种资源，构建创新创业人才“多元协同”培养机制，就成为当前地方行业特色高校创新创业人才培养亟待回答的迫切问题。

一、创新创业人才培养过程中存在的问题

近年来，尽管政府相继出台了《关于大力推进大众创业万众创新若干政策措施的意见》《关于深化高等学校创新创业教育改革的实施意见》等一系列政策，鼓励校企合作、产学融合提升大学生创新创业能力，但由于受多种因素的影响，实际执行过程中仍然存在着校企两张皮问题，在培养机制上，政府、高校、行业与企业尚未形成合力，存在较为严重的脱节现象。

（一）重视创新创业课程设置，忽视课程质量提升

虽然绝大多数高校开设了创新创业相关课程，但在培养过程中依然片面强调记忆功能，流于知识的传授。存在重视教师“一言堂”传授，忽视师生互动创新；重视知识的传授和积累，忽视知识的创造与实践的现象。学生自主探索的能动性和创造力难以充分发挥，教学效果和质量难以保证。

（二）重视“政校行企”合作协议签订，忽视“多元协同”深度融合

目前，很多高校虽然与政府、行业、企业之间存在合作，但实际执行效果并不理想。具体表现在：有些只注重合作协议的签订，停留于表面的一纸协议，忽视协议的履行；有些虽有合作，但仅停留于学生参观、毕业实习等层面，合作的深度和广度差强人意。同时，政校行企之间“四元协同”参与度不高，校内外资源整合不够，亟须顶层设计和系统规划。

（三）重视单一导师制，忽视多导师协同培养

学生创新创业能力的培养，指导老师无疑是重要的外部因素之一。目前，虽然一些高校鼓励“双栖型”师资队伍建设，并尝试导师组集体培养模式改革，但在执行过程中，导师组形同虚设，其结果依然是单一导师制。单一导师制难以发挥学科交叉，孕育创新创业思维的作用，与创新创业人才培养的要求差距较大，多导师协同育人机制是解决这一问题的有效途径。

（四）创业实践资源平台建设滞后，创业孵化落地支撑乏力

由于受经费短缺困扰，我国许多地方高校长期以来对创业实践教学基地、创业类实践竞赛、大学生创业园等建设投入不足，致使创业实践资源平台建设滞后，其后果制约了学生创业团队入驻地方创业孵化器等活动的开展，创业孵化落地支撑乏力。

二、地方行业高校创新创业人才“政校行企”协同培养优势

地方行业特色高校在长期服务行业发展过程中形成了鲜明的行业背景优势。目前，为满足创新创业人才培养的需求，理应将传统优势转化为产学研协同育人优势。其优势主要体现在两方面。

（一）行业内传统优势学科突出，为“政校行企”协同培养提供科技支撑

地方行业特色高校在其行业领域和某一特定层面具有综合性高校无法比拟的科技和人才资源优势，行业内高水平的专家学者及较强的科技创新实力，赢得了行业内企事业单位的赞许和社会的广泛认同。鲜明的行业特色背景和良好的声誉，使得地方行业特色高校相比其他高校，在“政校行企”协同育人方面比较优势明显。

（二）行业内校友资源丰富，为“政校行企”协同培养提供人脉支撑

在长期办学过程中，地方行业特色高校培养的各类人才广泛就职于行业内各个单位，其中部分校友已担任各级领导岗位，他们了解行业发展状况，掌握更多社会资源和信息，成为学校与行业内各单位保持联系的纽带。同时也成为学校创新创业人才“政校行企”协同育人的重要人脉资源。这些都是其他综合性高校短期内难以期及的比较优势。

三、地方行业高校大学生创新创业人才培养模式构建

为了提升大学生的创新创业能力，充分发挥地方行业特色高校在创新创业人才“多元协同”育人方面的比较优势，构建多元协同的“1+2+3+4”培养模式。

（一）“1+2+3+4”培养模式的含义

“1+2+3+4”培养模式是指集政校行企多方资源，围绕一个培养目标（以培养创新创业人才为目标），体现两个能力层面（专业实践能力、创新创业能力），组建三个中心（教育中心、指导中心、孵化中心），实现四元协同（校、政、行、企），旨在激发学生创新思维，提高创业能力的一种产学融合培养模式。通过引入校企、校行、校政融合机制，实现培养目标、培养方案、培养过程以及培养评价的全程渗透和多元协同，突出“创新创业能力”培养特色。

（二）“1+2+3+4”培养模式的实施路径

“1+2+3+4”培养模式的特点是针对地方行业特色高校创新创业人才培养过程中存在的不足，引入“政校行企”协同机制，即通过政府、学校、行业、企业四元协同方式对培养模式的四大要素（即培养目标、培养方案、培养过程以及培养评价）进行全

程渗透和融合，突出“创新创业能力”培养特色。具体实施路径如下：

（1）开设校企双线交织的创新创业课程体系，解决知识结构优化问题。

创新创业人才培养是个系统工程，需要多方共同参与，具有较强的开放性。面对互联网、大数据、人工智能等信息技术发展以及供给侧结构改革等经济新常态的挑战，高校应主动适应社会发展变化需要，及时优化培养方案，调整课程体系。一是采用“请进来”和“走出去”的方式，一方面定期邀请行业专家为师生作本行业发展趋势报告，让师生了解专业发展的前沿动态（庞鑫培，2012）。另一方面，深入到行业、企业、政府相关部门进行广泛调研、深度访谈，了解用人单位的最新需求，引入企业优质资源共建《创新创业导论》、《商业模式概论》、《项目管理》、《创业案例分析》等课程。将跨专业课程以“互联网＋专业”类课程的模式作为创新创业与专业结合的拓展方向嵌入课程体系，全面培养学生的专业基础与创新创业拓展能力。二是校企联合编写由企业专家参与的符合创新创业人才培养的校企一体化教材或产学结合实训指导书，部分实践类课程可直接安排学生到企业学习，有些课程也可聘请政府、行业、企业兼职教师来校独立或与校内教师共同授课，深度参与教学过程实施。

（2）实施“合作导师”制，建立创客导师库，解决创新创业教育师资短缺问题。

师资队伍建设是实现人才培养目标的核心。“合作导师”制是集校内外多位导师为一组，满足创新创业人才培养对高水平、职业化、实践指导能力强的师资队伍的要求。一方面，选聘企业家、企业高管担任校外导师，形成“企业讲师团”，并通过建立“企业教师工作站”以及合作企业在学校设立办公室的形式，使得“企业讲师团”驻校从事相关培训、开设专题讲座成为常态。同时，企业和行业协会可定期不定期在校园举办各种创新创业竞赛，为实践性教学注入新的活力。另一方面，安排学生到校企合作基地顶岗实习，由校内外导师联合指导，校内外导师定期开碰头会，共同研讨实训中遇到的各种问题，并结合实际情况动态调整实训计划。此外，学校可通过政府部门和行业协会广纳人才，成立创客教育导师库，从国内外引入一批热爱创新创业并乐于与学生分享创客经历的超级创客加入导师库成为兼职导师，兼职导师的授课方式不必拘泥于传统面对面的授课模式，可以考虑在线微课、直播等突破地域空间限制的丰富多样的创新性教学模式。通过“合作导师”制和“创客教育导师库”的建立，解决创新创业人才培养的智力支持问题。

（3）注重校企文化融合，点燃大学生创新创业激情。

校园文化以其独特的办学理念、地域文化、历史传统的积淀为特征，企业文化以其经营和服务理念、制度文化、创新精神、战略目标为特征。无论是校园文化还是企业文化，其“内核”和“灵魂”是精神文化，物质、行为、制度文化是“载体”和外在表现。两种文化的兼容，主要是将企业的文化精髓融入学校的办学理念和定位中，防止忽视开拓进取精神层面的融合而热衷于物质、制度、行为文化的对接。一方面，邀请企业家进校园以专题讲座和创新创业沙龙形式，现身说法向学生讲解校园文化如何与企业文化如竞争意识、敬业精神、效率意识有机融合。通过校企文化融合，将企业家的创新创业精神和优秀企业的核心价值观渗透到学校的校风、学风中，倡导开拓进取的精神。另一方面，学校可成立创新创业社团、在微信公众号上设立专栏等形式，多维度地营造敢为人先、勇于探索、宽容失败的氛围和环境。通过“校、政、行、企”多方协同，借助与政府、行业、企业联合举办各种创新创业大赛之机，培育创新创业校园文化，点燃大学生创新创业激情。

（4）完善创业孵化服务体系，解决创业实践资源平台问题。

脱离实践的创业教育必将是失败的，必须把创业实践作为创新创业教育的核心内容之一。一是模仿企业创业过程与经营环节进行仿真实践，在校内建立创新创业综合实训指导中心，从由各级政府创新创业指导部门、超级创客、优秀企业家等组成的导师库中抽取相关导师，形成专家顾问委员会，采用合作形式指导学生的创新创业活动。二是在校外建设大学生创业园，整合校内外各种资源，构建包括政府层面、高校层面、社会层面三大子体系在内的大学生创业孵化体系和中心，引导学生创业团队入驻地方创业孵化器等创新创业实践平台，实现与具有创业孵化属性的众创空间内外互联互动。三是进一步完善“项目挖掘+团队遴选+过程辅导+引资推动+入驻经营+政策服务+孵化落地+管理咨询”的创业管理机制。

四、“1+2+3+4”多元协同培养模式运行保障措施

（一）强化组织管理顶层设计

从某种意义上看，无论是内部还是外部的协同培养，大学内部的制度壁垒对多元协同培养的制约更大（别敦荣、胡颖，2012）。因此，首先，高校应建立开放包容的现代大学制度。学校应密切与社会联系，注重内外互联互动，主动谋求外部合作，积极拓展办学空间，整合各方资源，为创新创业教育创造良好的生态环境。其次，设立创新创业学院。以创新创业学院的设立为契机，构建科学有效的组织管理体系，打破院系、学科、专业之间传统的建制模式，由创新创业学院具体实施创新创业人才培养工作。

（二）完善沟通协调机制

创新创业人才“1+2+3+4”多元协同培养模式的推进，需要政府、行业、企业多方参与，因此，学校应建立良好的沟通机制，进一步加强与地方政府、行业协会、相

关企业的互联互动。其一，强化与政府部门沟通。协同培养过程中，对于一些可能超出大学职能范围的关系，可以请示政府出面进行引导，或者由政府利用资源优势搭建协同创新中心、大学科技园等合作育人平台。其二，强化与行业部门沟通。行业部门既了解行业企业的需求又凌驾于行业企业之上，因此，可以通过与行业部门的沟通，择优选取具有代表性的行业企业作为创新创业教育实践平台。其三，强化与企业的沟通。通过与企业的沟通，增强彼此信任度，借鉴企业经营与创业过程，并根据互补性、战略契合性进行模拟仿真，在校内建立创新创业实训中心。

（三）拓宽融资渠道

创新创业实践教育尤其是创业实践与孵化离不开资金的支持。因此，高校应拓宽创业融资渠道，充分利用各方资源筹措资金，为创新创业教育提供经费保障。一是学校设立创新创业基金，为大学生创新创业提供初始资金支持。二是学校可多方位、多手段推介大学生创业项目，吸引更多诸如天使投资、风险投资等企业关注并提供资金支持创新创业教育。三是利用好政府鼓励大学生创新创业的各项优惠政策，通过财政资金引导社会资本向大学生创业项目投资，多渠道筹措资金，资助大学生创新创业。

（四）建立弹性学分制

根据创新创业人才培养要求，创新考试及学分制制度，借鉴国外先进经验，实现“创业学分制”和“弹性学分制”。一方面放宽学生修业年限，允许具备创新创业潜质的学生申请休学创业，学校应当保留处于创业期的学生的学籍。另一方面建立创新创业学分积累与转换制度。对休学创业后回校继续学习的学生，其之前以及创业过程中取得的创新创业学分可累计计算，对其毕业实习、毕业论文可采用“转换制”进行考核。具体做法包括：①用“创业证明”替代“毕业实习证明”。创业证明须由工商部门或者创业团队出具，凭此不仅可申请创新创业学分，而且可免于毕业实习；②用创业期间完成的“研究报告、策划方案等”替代“毕业论文”。研究报告及策划方案主要是指创立企业的可行性研究报告、招标投标方案以及生产产品的市场推广计划或调研报告等，凭此可申请获取毕业论文学分。

（五）建立科学的考评制度并严格执行

应构建有利于学生创新创业能力培养的评价体系并严格执行。一是强化导师遴选和动态管理。一方面制定科学合理的导师遴选制度，把好合作导师“进口”关，使胜任能力和责任心“双强”的优秀导师脱颖而出，并吸收进入导师组。另一方面严格考评制度，实施“退出”机制，把好合作导师“出口”关。制定考评奖惩制度，明确导师的岗位职责，并定期考核，对难以胜任创新创业教育，未能履行岗位职责的导师实施淘汰制，保障导师队伍的动态管理。二是实行学业成绩考核和评价方式的多元化。强化考查学生的创新精神和实践应用能力，改变单一的学业成绩考核方式，注重对学生在创业过程中的评价，不以创业成功与否作为最终的评价结果，主要以学生在创业实践中的体验作为其考核、评价重要绩点，并设置权重在学生评奖评优环节予以适当体现。

（六）落实激励机制

一是加大对创新创业教育专项经费投入，并采取多方措施，提高创新创业专项资金使用效益。二是鼓励胜任能力和责任心“双强”的专业教师结对指导学生创业团队。学校应认定老师工作量，并在聘期考核、职称晋升、评优评奖环节作为重要业绩予以考虑，从制度的设置上鼓励专业教师参与创新创业教育，并贯彻落实到位。三是对开展创新创业教育成效显著的二级院部予以表彰，并在后续课题研究的立项、相关专项经费的核拨等方面予以适当倾斜。

第四节　多元智能视角下专业教育与创新创业教育的协同方法

党的十八大以来，科技创新摆在了国家发展全局的核心位置。在“创新驱动发展战略”的引导下，教育部进一步提升创新创业教育的战略定位，从 2012 年 2 月开始，教育部推行实施“本科教学工程”国家级大学生创新创业训练计划，旨在“促进高等学校转变教育思想观念，改革人才培养模式，强化创新创业能力训练，增强大学生的创新能力和在创新基础上的创业能力”。由此全国各高校的大学生创新创业教育（以下简称大创教育）受到了高度的重视，并取得了快速发展。

高校在大力推进大创教育的过程中，也出现了一些缺失，主要体现在以下三个方面：一是专业教育模式仍沿着过去的惯性继续前行，没有顺应形势变化进行改革，或者改革的力度不能满足形势的要求；二是一些大创教育研究者忽视了传统专业教育对创新能力培养的作用；三是部分大创教育实践者另起炉灶，脱离专业教育开展大创教育。由此在专业教育和大创教育之间，存在一定程度的脱节，未能实现有效的协同，影响了两方面的教育教学效果。

出现这些问题的原因是复杂的，解决这些问题也需要多方面的综合治理。本节基于多元智能理论的教育学启示，分析了专业教育的多元化教学模式、大创教育的多维度训练模式，提出了专业教育和大创教育协同的路径和方法，并在教育教学活动中进行了实践。

一、多元智能理论的教育学启示

加德纳（Howard Gardner）的多元智能理论在当前美国教育教学改革中产生了广泛的积极影响，已经成为许多西方国家90年代以来教育教学改革的重要指导思想。在我国的基础教育中，多元智能理论得到了高度的重视，近年来进行了大量的应用研究，取得了丰富的成果，但是在高等教育界则研究得较少。实际上，多元智能理论对高等教育的改革，也具有积极的启示作用。

（一）多元智能理论的基本内涵

加德纳的多元智能理论，主要有以下四个方面的含义：

第一，每一个体的智力都具有自己的特点和独特的表现形式。在加德纳的多元智能理论看来，作为个体，每个人都同时拥有相对独立的八种智力，而这八种智力在每个人身上以不同方式、不同程度的组合使得每个人的智力各具特点，同样具有较高智力的人，可能是一名作家，一名数学家，也可能是一名运动员，等等；

第二，智力强调的是个体解决实际问题的能力和生产、创造出社会需要的有效产品的能力，智力应该强调两个方面的能力，一个方面的能力是解决实际问题的能力，另一个方面的能力是生产及创造出社会需要的有效产品的能力；

第三，个体智力的发展方向和程度受到环境、教育的影响和制约，尽管各种环境和教育条件下的人们身上都存在着八种智力，但不同环境和教育条件下人们智力的发展方向和程度有着明显的区别；

第四，多元智能理论重视的是多维地看待智力问题的方法，承认智力是由同样重要的多种能力而不是由一两种核心能力构成，承认各种智力是多维度地、相对独立地表现出来而不是以整合的方式表现出来。

（二）多元智能理论的教育学启示

在加德纳提出多元智能理论之后，各国学者主要是教育家从不同的角度对其进行了延伸研究，其中也包括一些分歧和争议。一般来说，能够获得普遍认同的多元智能理论的教育学启示包括以下三个方面：

（1）人的智能是多元的。

人的智能是多元的，或者说人的能力是多维度的。虽然不同维度的能力之间存在耦合关系，很难将不同的能力截然分开，不同的学者可能有不同的维度分类方法，但是可以将人的能力分成不同的维度进行研究。

（2）能力既是先天性的又是后天性的。

同一个个体的不同维度的能力，存在差异；不同个体某一个维度的能力也存在差异。这种差异，既有先天的因素，又有后天的因素。先天因素具有决定性的影响，后天因素可以一定程度上加以改变。

由于个体在不同维度的能力存在差异，因此需要“因材施教”，以充分发挥不同学生的能力特长，提高教育的效果；由于不同维度的能力都是可以后天培养的，因此在教育活动中，要注重多维度提升学生的能力。

（3）能力的后天性成长是非线性的。

能力的训练成长曲线具有普遍意义，大量的研究结果表明，对任何能力进行指标量化测量，都能够得到形状相似的训练成长曲线。虽然不同的能力训练可能得到的曲线并不完全相同，形状可能更为复杂，会出现多个拐点，但是基本趋势是相同的。

能力成长曲线具有两方面的指导意义。一是特殊专门人才的选拔方面，由于能力的极限值训练之前或训练初期是不可知的，但是极限值与初值、初始上升速度正相关，可以根据初值、初始上升速度来预测、估计极限值，以此作为某一方面特殊专门人才的选拔依据。二是在教育科学方面，首先是确认能力可以通过训练得到成长，其次是能力训练存在效率问题，必须根据能力需求进行适当训练，发挥能力训练初期成长较快的特点，兼顾能力成长值与训练效率之间的平衡。

二、多元智能视角下的专业教育改革

专业教育的基本任务有两个，一是传授学生必要的专业知识，二是培养学生专业知识的应用能力。这两个任务是相互耦合的，传授知识的过程中培养了学生的能力，培养能力的过程中也让学生获得了知识，一般无法将两个任务的完成过程截然分开。专业知识的应用能力，即是利用专业知识分析问题、解决问题的能力，按加德纳的观点，就是“智能”，按一般创新能力的定义，就是创新能力。

根据我们对本院学生的问卷调查，学生在第一课堂学习所花的时间（包括课外完成作业时间），占学生实际有效学习时间的比例平均高达 90% 以上，因此第一课堂（即专业教育教学活动），应发挥创新创业能力培养的主渠道作用。我院各专业课程的理论教学环节与实践教学环节，学时比例平均约为 3.2：1，因此在专业课教育教学活动中，理论课教学应发挥创新能力培养的主导作用。

为提高学生的创新能力，并在提升创新能力的基础上培养学生的创业能力，应主要立足于专业教育的改革，特别是专业教育中理论课教学的改革。通过改革专业教育的教学模式，提升专业教育对创新能力的培养效果。

从多元智能理论的角度看，要想提高学生的能力，必须因材施教。但是针对每一个具体学生来因材施教，对于面上教育是不现实的。首先，教师的人数达不到，不可能每一个教师仅针对某个或某几个学生进行教学活动；其次是教师的能力达不到，很难要求所有专业课教师都是心理学、教育学方面的专家，或者具备因材施教所需的教育科学方面的知识和能力。但是可以将专业教育的教学活动分成几种不同的模式，让学生根据自己的特长从不同的教学模式中获取知识或提升能力，同时通过不同的教学模式，从不同的维度训练、提升学生的能力，以此起到因材施教的效果。常用的教学模式有以下几种。

（一）课堂教学模式

教师讲、学生听的课堂教学模式，是经典的教学模式，也是最为有效的教学模式，过去和现在都是主流的教学模式，在可预见的将来仍然会是主流教学模式。首先，这种教学模式，学生主要利用语言感知能力来获取知识，虽然不同学生个体的语言感知能力存在差异，但是在人的各种能力中，语言感知能力是相对比较强的，因此这种教学模式对所有学生都存在相对较好的教学效果。其次，这种教学模式比较容易实现，基本上有黑板、粉笔或类似电子产品就可开展教学活动。再次是适用范围广，绝大多数教学内容都可以采用这种教学方式。

（二）多媒体教学模式

多媒体教学模式，是针对特定的教学内容，以模型、三维动画等方式呈现教学内容的教学模式。这种教学模式，学生主要利用音乐、空间智能来获取知识，可以作为一种独立的教学模式，也可以不作为一种独立的教学模式，而是作为课堂教学模式的辅助手段。多媒体教学模式存在一定的适用范围，有些教学内容不适合采用，或者采用的意义不大。

（三）互动教学模式

互动教学模式，学生主要利用人际关系智能来获取知识。从对象上来说有师生之间的互动和学生之间的互动，从互动的时间来分有课上、课下的互动，从互动的空间来分有真实空间的互动和网络空间的互动。互动教学模式，可以发挥并提升学生的沟通交流能力。

（四）实践教学模式

实践教学模式也是目前广为采用的教学模式，学生主要利用身体运动智能来获取知识。实践教学模式从空间上来说，也分为计算机仿真实验（含网络虚拟实验）和真实实验两种方式。两种方式涉及的智能类别可能有所区别，但是都对获取知识、提升能力具有重要的作用。

上述各种教学模式，通常不是单独存在的，不是单独起作用，需要相互协同。专业教育的改革，就是要针对具体的教学内容，设计不同的教学模式之间的整合与互动，从而最大限度地让学生发挥自己的能力特长来获取知识，同时通过不同的教学模式对学生相应的能力进行训练。知识的学习过程和知识的应用过程，通常是融合在一起的，比如学生做一道习题，在增强对知识的理解、记忆的同时，也训练了对知识的应用能力，训练了利用知识分析问题、解决问题的能力。任何一种教学模式都有其长处也有其不足，针对具体课程或具体教学内容注重某种适宜的教学模式是可取的，但是整个专业教育如果偏重任何一种教学模式，都会造成“营养不良”，不利于发挥学生多元智能的特长，不利于训练学生的多元智能。只有不同教育教学模式的合理整合和互动，才能实现多元智能的利用和训练的最优化，才能通过专业教育有效地提升大学生的创新创业能力。

三、多元智能视角下大创教育的实施

近年来我国各高校掀起的大创教育热潮，大多以两种形式开展大学生的创新创业教育，一种是开设专门的创新创业课程，另一种是开展各种课外创新创业学习活动。无论是从创新创业课程与专业课程的学时数比较来看，还是从学生在第一课堂和第二课堂所能花费的学习时间比例来看，大创教育都应该以专业教育为基础，作为专业教育的必要补充，并对专业教育进行有意义的延伸。

（一）创新创业教育的内涵

如前所述，专业教育本身就是以培养学生分析问题、解决问题的能力作为主要任务，从这个意义上说，专业教育本身就是创新创业教育，并且是创新创业教育的主渠道。我国学界对创新创业教育赋予了特定的含义，以区分传统的专业教育，主要是为了强调创新创业教育的特点。

创新教育就是通过教学活动来培养学生的创新能力，增强学生创造新的、有用的思维产品的能力。对创新教育的理解，既要考虑创新教育的历史和已经形成的理念，又要考虑到创新教育已有的积累和将来的发展。创新教育既是一种反映时代需要的新的教育理念，也是一系列“为创新而教”的教育教学活动。从整个社会层面来看，凡是以培养人的创新思维、创新素质和创新能力为主要目的的教育都可以称之为创新教育。

创业教育是培养人的创业意识、创业思维、创业技能等各种创业综合素质，并最终使被教育者具有一定的创业能力的教育。创业教育并不等于创建企业的教育。创业首先不能仅仅被当作一种纯粹的、以营利为目的的商业活动，而是渗透于人们生活中的一种思维方式和行为模式。创业活动要求大学生具备自主、自信、勤奋、坚毅、果敢、诚信等品格与创新精神，要求大学培养未来创业者与领导者的成就动机、开拓精神、分析问题与解决问题的能力。创业教育的宗旨在于培养学生的创业技能与开拓精神，以适应全球化的挑战，并将创业作为未来职业的一种选择，转变就业观念。创业教育不仅传授关于创业的知识与能力，更重要的是，要让学生学会像企业家一样去思考。也就是说，创业教育有两层目标：第一层目标，创业教育的主要任务是培养大学生的进取、开拓精神，使所有大学生成为高素质创新人才。这种精神是做任何事都必须具备的，所以即便没有创业意向的同学，也应该积极接受创业教育。第二层目标，培养学生形成创业所必需的领导力，包括商业谈判技巧、市场评估与预测、启动资金募集方式、新创企业申办、新创企业的风险防范和战略管理等，并使学生具备关于金融、财务、人事、市场、法规等方面的基本知识，从而推动大学生自主创业。

创新创业教育作为我国提出的一种新的教育理念，并不是创新教育与创业教育的简单叠加，而是在理念和内容上实现了对创新教育或创业教育的超越。在理解创新创业教育时，有的研究者将创新与创业割裂开来，偏离了创新创业教育的内涵。创新创业教育不是两个概念的交集，而是一个新的完整的概念。创新创业教育的核心是培养大学生创新精神、创业意识和创业能力，引导高等学校不断更新教育观念、改革人才培养模式、教育内容和教学方法，将人才培养、科学研究、社会服务紧密结合，实现从注重知识传授向更加重视能力和素质培养的转变，提高人才培养质量。在创新创业教育中，创新与创业相互作用、相互影响、贯穿始终，共同构成了创新创业教育的核心。

（二）大创教育应密切联系专业教育

跨专业成才在历史和现实当中都是存在的，但毕竟是小概率事件，这些小概率事件的社会影响和社会价值有可能非常巨大。高等教育显然不能追求小概率事件，应以培养本专业高素质的建设人才为目标，因此高校的大创课程和大创活动，应以专业教育为导向，紧密围绕专业教育开展。

（1）大创教育应面向专业所需的能力。

从多元智能的角度看，不同的专业需要的能力存在差异，大创教育应基于专业特点开设课程、开展活动，通过大创课程和活动，强化训练专业发展所需的专项能力。由于能力的耦合性，很难严格界定专业所需的专项能力，也很难明确区分一般性能力和专项能力，通常只能了解专业所强调的能力维度和一般训练方法。大创教育可以发挥灵活的特点，开展丰富多彩的教育教学活动，在训练学生创新创业一般性能力的基础上，着重强化专业所需的专项能力。

（2）大创教育应密切结合专业内容。

由于电子设计类、计算机类、机器人类的竞赛比较容易开展，并且关联的专业又非常广泛，目前有影响的创新创业竞赛，基本上都为这几类竞赛。在竞赛效应的驱动下，在一些学生甚至是创新创业教育者的意识中形成一种误区，好像创新创业教育的主要内容，就是进行着几种竞赛方面的培训。我们从教育部 2016 年发布的高校排名前 10 名高校中，随机选取 3 所高校，对其网上公布的 2017 年大学生创新创业训练项目进行分类，三所高校的项目中，电子设计、计算机、机器人等类的项目占全部项目的比例分别为 52.3%、56.4%、58.9%，而专业相关的创新创业项目占比则相对较小。

这些竞赛通常不要求掌握原理、算法，比如机器人设计大赛的竞赛规则明确要求不能涉及算法。竞赛内容与多数参赛学生所学的专业关联度不大，既不用掌握原理又不用设计算法，仅需要会实现，这类竞赛当然有其存在的价值和意义，但是作为面上大创教育的方向显然不合适。大学生创新创业训练项目，应该结合专业知识设计选题，其他大创教育教学活动，也应该密切结合专业实际，利用不同形式的大创教育教学活动，培养学生的专业兴趣，将专业科研创新能力和创新创业能力的培养相融合。

（三）大创教育应作为专业教育的延伸

在现有的专业教育体系中，受学时数的制约，确实对学生的创新创业能力培养方面存在一些薄弱环节，特别是在创业教育方面。大创教育应设法补齐专业教育的短板，作为专业教育的延伸。主要包括以下几个方面：

（1）开设具有专业特色的创业基础课程。

2012 年 8 月，教育部办公厅印发《普通本科学校创业教育教学基本要求（试行）》的通知，指出“高等学校应创造条件，面向全体学生单独开设《创业基础》必修课”；同步还印发了《“创业基础”教学大纲（试行）》。开设创业基础课程时，要以教育部的教学大纲为基础，融入专业元素，增加专业相关案例，通过创业基础教育教学活动，弥补专业课教育在创业教育方面的不足。根据教育部的文件精神，近年来我们陆续开出了具有专业特点的《大学生创新基础》和《大学生创业基础》课程，作为实现专业教育与大创教育耦合的一个路径。

（2）与企业协作开展协同创新活动。

与专业相关的企业协作，聘请企业家或企业科技人员作为创新创业指导教师，以企业的真实课题作为大学生创新创业训练项目的课题，加强大学生与企业家、企业科技人员之间的互动协作，开展大学生与企业之间的协同创新教育教学活动，增强学生的专业兴趣，着重培养学生的“岗位创业”意识。

（3）开展多元化的课外创新创业活动。

实施“大学生创新创业训练项目”，应注重以专业科研前沿相关的研究内容，作为训练项目的课题，结合开设创新思维选修课程、举办各种形式的讲座，增强学生的创新意识。开展与专业相关的创新竞赛，开设创客空间，举办创客沙龙，等等，利用丰富多彩的课外创新创业活动，多元化训练学生专业相关的创新创业能力。

学生在专业课程上所花的时间，占可用学习时间的绝对多数，专业教育要发挥创新能力培养的主渠道作用，要将创新创业教育融入专业教育的全过程。在专业教育中进行多种教学模式的整合，让具有不同能力特长的学生能够从不同的教学模式中获取知识，同时利用不同的教学模式训练学生不同的能力。大创教育要融入专业元素，结合专业科研内容开展创新创业活动，利用丰富多彩的课外创新创业活动，补齐专业教育在创新创业教育方面的短板，延伸、发展专业相关的创新创业教育，利用多元的活动从多维度强化学生的能力。

自 2013 年以来，我院按照上述模式进行专业教育改革、开展大创教育，取得了良好的效果。我院 2017—2018 学年，立项的院级大创项目共 90 项，其中 71 项是专业相关的课题，占比约 79%。2016 级、2017 级参与大创项目的学生，占全年级学生人数的比例达 90% 以上，基本上接近全员参与。大量的专业相关的大创项目和大创教育活动，密切了师生在专业方面的交流，起到了与专业教育相辅相成的作用。几年来的教育实践表明，专业教育与大创教育协同的模式，受到了学生的广泛认同，大创教育与专业教育的协同，达到了 1+1 ＞ 2 的教育教学效果。

第五节　协同创新视角下的高校创新创业项目

在政府政策推动与高校支持的“大众创新，万众创业”新浪潮下，大学生参加创新创业项目已成为自身培养创新意识、提高创新能力的主要实践形式，同时其对高校创新教育建设、区域经济发展以及产业结构优化升级具有重要意义。本节针对创新创业项目实践中所遇到的市场信息不对称、创业项目资源整合能力较低、创业人才缺乏多元视角等问题，从协同创新的视角下，高校需在企业合作、组织机构与学科交流三个维度考虑对策，通过信息、资源、人才等多元协同的方式推动创新创业项目的持续发展。

近几年来，高校创新创业教育作为国家创新驱动战略中创新人才培养的关键环节，受到了政府政策的高度支持，并在产学研协同创新理论研究中摸索出了一条以创新创业项目为核心的创新实践培养之路。高校希望通过鼓励大学生参与创新创业项目，激发学生的创新意识、培养并提高学生的创新能力，加速高校科技成果转化，进一步激发市场活力与社会创造力，推动区域经济发展。因此，积极参与创新创业项目，提高创新创业项目质量是国家提高科技创新与产业发展能力、实现充分就业和经济持续发展的重要保障。

一、协同创新视角下对于创新创业项目的问题分析

由于政府政策的全面支持贯彻以及高校主导的创新创业教育的推进，高校创新创业项目的主要实践人群集中在大学的本科生、研究生以及博士生，主要通过创新学科竞赛的方式参与创新创业项目，并在政策扶持与高校助推下进入市场实践创业。从总体上看，我国高校参加创新创业项目的主要形式是技术创新与商业模式创新。根据2017年“互联网+”大学生创新创业数据显示，技术创新占比18%，商业模式占比82%，可见现阶段大学生参与创新创业项目的总体趋势偏向于商业模式创新。

协同创新的本质是在利益一致性与目标共同性的前提下创新主体通过机制性互动将各种创新资源协同整合从而产生系统涌现性，带来价值增加与价值创造的协作行为。从协同创新的视角下，在政府政策对创新主体与创新项目全面扶持的宏观环境中，可以从企业、高校与学生这三个维度中找到问题的根源。

（1）企业与高校之间缺乏共同目标协同性，市场信息不对称。就目前我国学者对于产学研协同创新的一系列研究显示，企业作为将技术快速产业化与商业化、以盈利为导向的产学研协同创新中的重要组成部分，其具备的资源在于拥有丰富的资金储备、研发设备、市场信息与营销经验，也应该是创新创业项目走向市场的重要桥梁之一。

从企业方面看，企业需要引进高新技术以拓展市场，增加营收，在互联网经济高速发展的背景下，更加迫切需要缩短科技成果转化周期并增加技术迭代的频率；从高校方面看，创新创业项目是科技成果转化的市场表现，也是培养学生将科技成果与市场需求融合的综合能力，因此高校需要从企业中除了获得利益之外还有需要丰富的市场信息与动态的市场发展趋势，用于投入至对于学生的创新创业教育与创新创业项目扶持之中。

因此，在企业与高校合作缺乏共同目标协同性的情况下，企业将缺乏市场性的科研成果直接送到生产线，大大增加了转化成本，同时高校的创新创业教育难以得到全面的市场信息，导致学校孵化的创新创业项目存在与市场需求联系不紧密，脱离市场一系列的问题。技术创新类项目缺乏具有市场导向的需求分析，研发产品难以赢得消

费者；商业模式创新无法通过市场信息分析竞争要素，在市场上难以获得竞争力，企业与学校双方市场信息不对称，致使学校不能够高效的联动企业，不能实现将企业所具有的市场实践与高校的专业知识教育做有效对接，无法实现高校中创新创业项目的实践性与市场性。

（2）高校与学生之间缺乏内部机制协同性，创业项目资源整合能力较低。大学生作为创新主体尚且缺乏市场敏锐性、社会实践性与资源整合能力，所以高校是将创新主体向潜在创业者转变的引路者，肩负着培养具有新时代特色的创新型复合人才的使命。从目前高校组织大学生参与的创新创业项目看，存在组织松散低效这一问题，主要表现在高校的院系之间、职能部门之间缺少内部机制的协同性。

由于高校的院系之间存在着潜在的利益博弈，在创新学科竞赛中都作为独立的利益主体进行专业领域的研发，却忽略了创新创业项目本身复合多元的特性。技术创新类项目缺乏系统的市场需求分析、营销战略管理以及推动项目持续运营的盈利模式，商业模式创新类项目缺乏技术壁垒、完整稳定的程序后台，这正是院系独立研发运行项目时产生的问题。

而在高校职能部门的运营中，多头管理的模式是高校内部组织缺乏机制协同性的突出反映。大学生的创新创业教育属于高校教务部门管理，创新创业科研竞赛由校共青团委员会负责，而科技成果转化、大学科技园区的服务管理由大学生处负责。因此，多头管理的高校创新创业项目管理模式造成了高校内部组织的混乱与松散，无法形成“聚合力”，提供真正切实有效的创新资源。

（3）学生与学生之间缺乏价值需求协同性，创业人才缺乏多元视角。学生作为创新创业项目的主体，其主观能动性极大程度上决定了项目的成败。在院系独立利益主体博弈的背景下，为了创新创业项目更好的推进，学生产生了学科间知识相互借鉴的协同需求，在此基础上，能够认可跨学科、跨知识层面的价值，拥有合作的共识，做到价值需求的协同，才能满足独立学科之间的合作交流，使创业团队变得多元。

但是学生与学生之间正是缺乏这种价值需求协同性，一是因为缺少交流平台，高校中大学生的交流平台以社团、学生会为主，是以兴趣与职能作为交流介质，而以创新驱动的交流平台仅限于高校组织的创新创业教育活动，学生之间缺乏互动了解能力的机会。二是知识体系差异造成的创新思维差异，现阶段技术创新类项目以光电、能动、机械等理工科专业为主导，而商业模式创新类项目是以管理、经济等商科专业为主，所以在不同知识体系的学生思维模式存在差异，在交流互动存在差异性，造成不便。三是学科间的认可度较低，大多数学生仍是处于以自我为中心导向阶段，在创业团队中的认可、尊重与融合仍是一个值得摸索的过程。因此，创业团队中难免会出现单一优势学科突出而创业模式不完善的局面，创业人才缺乏多元性的背景下也很难产生具有可持续发展能力的创新创业项目。

二、多元协同创新对有效推进创新创业项目的对策

（1）战略协同，高校深化企业合作。战略协同意味着企业与高校在价值取向协同的基础上实现双方共同利益最大化，由于企业需要引进高新技术、高校需要企业的市场信息、资源渠道的帮助，双方需要通过战略协同的方式，构建交流网络，提高信息协同的效率，加速优势资源的互动，从而推动创新创业项目发展。

科技园作为企业与高校紧密交流与合作的平台应该降低准入标准，开放对象不应该仅限于已成立公司的初创型企业，还应该对准具有一定潜力的创新创业项目。创新创业项目入驻科技园区，使企业融入科技成果转化研究过程，减少转化成本，同时高校可以实现对学生与项目从校园到社会市场的实践培养，在此过程中，项目本身可以在信息协同网络中不断更新产品，探索可以引领市场需求的商业模式，实现创新创业项目的落地。

高校创新创业项目的借鉴方向不能局限于校友创业、高校合作的制造业、服务业、文化创意类等企业，还应该为创新创业项目寻求多元视角。通过与投资、咨询类企业合作，可以更多地得到项目盈利潜质、创新前景与未来发展方向的指导，从而焕发创新创业项目新活力。

（2）组织协同，高校组织机构的系统整合。组织协同是指高校院系的交流合作平台与职能部门协同机制的建立。组织协同是高校内部协调整合的必经之路，是加强高校资源整合能力，做好创新创业项目后勤保障服务，提高高校整体创新水平的重要基石。

在院系交流平台的建立上，高校应树立协同创新的意识，鼓励院系交流分享学科优势资源，主动提倡优势互补的内部合作，努力促成跨学科、跨院系的协作创新要素整合，提高创新创业项目的综合质量。高校职能部门同样需要建立内部资源共享与协作机制，为创新创业项目的各个阶段提供服务与支持，在具体的实施阶段之初，高校可以提供科技成果转化的市场前景、应用场景等方面的指导；项目中期为学生提供申请发明专利和实用新型专利的快捷通道；项目末期帮助创新创业项目进行孵化，保障项目的持续运营。通过高校内部组织协同构建的合作交流平台，能够高效整合资源共同为创新创业项目提供服务与支持。

（3）知识协同，高校提供学科交流促进人才培养。知识协同是不同学科间知识体系、思维方式的相互渗透与融合，从而产生创新性知识的阶段。在鼓励院系间合作的大背

景下，应该关注学科交流，关注学生的多元培养。交叉学科的创新人才培养是知识协同在创新创业教育中的表现形式，也是对培养具有新时代特色的复合人才的重要方向，在交叉学科培养方式中使创新主体拥有跨学科的专业知识以及多元化的思维视角。

学科交流的主要培养方式是希望在创新人才学习多元学科优势知识的背景下，拥有完整的商业逻辑，加速创业团队的内部融合与沟通。在创新创业项目的实践过程中，使技术创新人才在了解市场需求与痛点的同时将市场信息融入技术更新产品升级的战略中，也可以使商业模式创新人才将人性化、智能化的品牌营销策略贯彻至互联网终端的使用性能中，所以学科交流是通过学习多元学科知识，培养创新主体的多元视角探索市场，从而创造出兼具技术与商业模式创新的高质量创新创业项目，推动传统产业结构的优化升级。

第五章 高校创新创业教育人才培养模式

第一节 高校创新创业教育“三融合”人才培养模式

为充分发挥“三融合”人才培养模式对高校创新创业教育的改革发展，笔者以《构建“三融合”人才培养模式推进高校创新创业教育改革》为课题，从“三融合”人才培养模式相关概念阐述入手，对高校创新创业教育现状进行了全方位、深层次地剖析，并在此基础上全面而深入地探究了构建“三融合”人才培养推进高校创新创业教育改革的策略。

一、“三融合”人才培养模式相关概念阐述

专业教育、思想政治教育、创新创业教育作为高校教育的重要组成部分，都会对学生未来发展产生非常关键的作用。“三融合”人才培养模式主要指的是将创新创业教育与思想政治教育、专业教育紧密结合的“三融合”模式协同运行机制运用到人才培养的过程中，坚持普及与提高相结合，研究面向不同层次、不同阶段、不同特点的创新创业团队的差异化教育模式。

受到国际大环境的影响，我国也在积极推进“大众创业、万众创新”建设工作，高校作为我国人才培养的重要基地在培养学生创新创业能力方面需要发挥出一定的作用。与就业不同，创业是自己给自己打工，所以他们不仅要成为一线工人，更要成为投资的制定者、参与者和决策者。当然，对于大学生来说，创业要比就业更复杂，需要自己独立面对的问题也更多。这就要求学校在培养学生时要培养学生综合能力和综合素养，不能只知道给学生灌输专业理论知识和培养学生实践应用技能。无论对于哪个领域而言，创新都是推动其发展的不竭动力。我国很多企业都正处于转型升级的关键时期，在这个过程中必然要有创新元素的融入，从而使经济转型目标更快、更好地实现。经济是国家的命脉，而对于广大人民群众而言，只有提高他们的生活水平，让他们的腰包鼓起来，其才会产生生活的幸福感和满足感。人才是企业发展的基础，而

大学生在未来发展过程中有很大一部分人将会成为各行各业的精英分子，所以他们的创新能力在这个过程中必然会产生很大的促进作用。对于大学生而言，无论他们未来想自主创业还是打算挑战严峻的就业形势，创新能力都是他们必须具备的基本素养和能力。

与中国高等教育相比，国外高校更注重对学生综合能力和综合素养的培养，其中创新创业教育往往是其中的重点。而中国高等教育教学领域似乎仍然没有摆脱应试教育的影响，学生仍然以取得高分为学习目标，但是却大大忽视了对自身创新创业能力的培养。与学生相比，教师更应该有大局观面，要帮助学生开拓国外发展市场，使学生朝着国际型人才方向发展。培养创新创业人才最终目的是服务于经济社会发展，为建设创新创业型城市输送专业人才。无论创新创业教育发展到哪个阶段，学校以及教师都要尊重高校发展规律，积极倡导创业教育思想，教导学生就业并不是他们唯一的出路，要把创新创业当成是他们未来发展的重点，把更多的学生培养成为工作岗位的创造者而不是消耗者。创新创业教育中心以先进的教育理念、雄厚的师资力量、优良的教学环境、突出的教育教学效果，全力服务于学生的成长和成才。可以说，只有让高校把创新创业教育提升到一个足够高的位置，其才能真正地融入学生的血液中，其创新创业能力才能稳步提升。

在当前的社会背景下，创新创业能力已然成为决定高校大学生未来发展竞争力的重要因素，甚至在一定程度上超过了专业知识教育。教育以服务于社会发展为方向，做好教育工作不但有利于增强公众的文化自信，同时也是深化高等教育改革，推动高校教育朝着国际化方向发展的必然选择。经济的发展为我国高等教育教学改革奠定了基础，当前国内正在大力发展“一流学科”建设，种做法不仅提高了高校竞争力，同时还提高对教学资源的利用率。“大众创业、万众创新”已经成为中国新时代背景下的主题词，高校大学生作为国家发展的未来、民族复兴的希望，其更应该在创新创业过程中以身作则，通过接受创新创业教育不断提升自我的综合能力和综合素养，为中华民族伟大复兴中国梦的实现做好准备。国内高校也意识到了“双创教育”的重要性和必要性，不仅为学生构建了专门的“大学生创新创业乐园”“大学生创新创业工作室”等基地，同时还安排了专门的教师负责相关事务，在校园范围内形成了一股创新创业的热潮。然而，不可否认的是，与国外那些发达国家相比，国内高校创新创业教育起步比较晚，而且很多的教育思想和教育方案都来自于国外高校，因此国内高校创新创业教育仍然存在着一些问题。

当前的创新创业教育属于一个单独的教育环节，而学生要想进入大学生创新创业乐园进行学习首先要进行报名参加。所以从这里就可以看出，大学生创新创业并没有与专业教育有效融合到一起。对于高校大学生而言，他们更倾向于将时间和精力投入到学习专业知识的过程，而不愿意花费自己业余时间参加专业的大学生创新创业教育培训。思想政治教育是提高学生思想道德素养、培养他们爱国主义情感的有效途径，高校大学生作为国家的未来、民族复兴的希望，高校教育工作者更应该贯彻落实素质教育，把握好人才培养方向，确保教育教学质量，以满足学生实际需要为基础开展教学工作。在创新创业教育过程中，教师也应该有意识地融入思想政治教育，让学生在提高自身综合能力的同时意识到自己应该承担的责任和义务，进一步完善教育教学结构，为实现创新创业教育、思想政治教育、专业教育“三融合”目标奠定基础。当然，要想发挥出大学生创新创业教育的作用，首先应该提高它在学生群体中的影响力，创新创业教育要保证每个学生都能“获利”，而不是说通过给学生增加学分的方式诱使部分学生参加创新创业教育活动。兴趣是最好的老师，可能在创新创业教育之初因为学生不了解创新创业教育的意义和价值所在，所以他们不愿意把时间花费在这个上面，但如果教师能够把创新创业教育与专业教育有效融合，那么就不需要学生花费业余时间去学习创新创业知识，而且他们也可以在学习专业知识的同时不断提高自身创新创业的能力，在深化专业知识教育的作用的同时还延伸了创新创业教育的深度和广度，对学生进一步认识创新创业教育也是非常有利的。但事实上，学校根本就没有要求专业教师把创新创业教育的思想融入其中，所以这些专业教师在教授学生专业知识和专业技能时也没有体现出创新创业教育的特点，不满足创新创业教育、专业教育、思想政治教育“三融合”教育的基本要求。创新创业教育不能与专业教育、思想政治教育融合一体，那么其影响力就会受到很大的限制，其作用也不能真正地体现出来。

正如前面所提到的，有些高校为了激发学生参与创新创业教育活动的兴趣，就以增加学分、活动分的方式激励学生参与其中。但是这种做法根本就治标不治本，而且会导致一部分学生就是单纯地为了得到学分和活动分才到大学生创新创业乐园中学习知识，懒散性比较明显，不仅经常的旷课，而且迟到早退的情况也屡禁不止。创新创业教育是提高学生创新创业能力的壮举，对学生未来发展起到非常关键的作用。我国经济发展速度非常快，而且当前正处于经济转型的关键时期，有很多的新兴产业层出不穷，但是自高校扩招政策落实以来，每年毕业的高校大学生数量逐年增加，导致企业每年能够为社会提供的工作岗位远远不能满足学生的需要，学生面临着非常严峻的就业压力。为了提高学生未来发展竞争力，一方面，学生要从自身做起，不断提升自我综合能力和综合素养，因为他们要想获得理想的工作岗位他们就必须成为众多竞争者中的佼佼者，在他们当中脱颖而出，这样他们才能得到自己心目中的工作岗位；另一方面，创业也是一条阳光大道，尤其是在当前的社会背景下，不仅创业条件非常充足，而且政府也为大学生自主创业提供了很多优惠政策，帮助大学生解决了很多的创业难题。因此，对于当代大学生而言就业并不是他们唯一的出路，其完全可以根据自己的兴趣爱好自主创业，为社会创造更多的就业岗位。所以从这里我们就可以看出，高校开展创新创业教育工作不仅是时代对高校提出的新要求，同时也是提高学生未来发展竞争力，减轻社会就业压力、保证社会和谐与稳定性的重要举措。但由于学生对创新创业教育缺乏正确的认识，眼光比较狭隘，所以这逐渐成为制约高校创新创业教育健康发展的一大障碍。还有些学生对创新创业教育工作认识比较片面，未能认识到创新创业教育、思想政治教育以及专业教育三者质量的关系，也没有利用业余时间去学习这三方面的知识。学生的教育的主体，如果他们不能全身心地投入到创新创业教育活动中，那么无论教师做出怎么样的努力学生的创新创业能力也不会有效提升。因此，在这种情况下，教师就必须规范自己的教学行为，既要严格按照“三融合”思想开展相应教学工作，同时还要引导学生正确看待创新创业教育，激发学生对创新创业教育的兴趣，壮大创新创业主体队伍。

要想提高学生创新创业能力，首先应该让学生通过大量的实践练习，让他们在不断的实践中找到创新灵感和创业思路。目前，各级政府、社会各界都高度重视高校创新创业教育工作，创新创业涉及的人才、场地、项目、竞赛、资金、政策等资源丰富但又呈现出碎片化状态。高校作为大学生创新创业教育的“主战场”，不仅要起到引领性的作用，同时也应该积极主动地与企业进行联系，通过“校企合作、产教融合”的人才培养模式优化教育工作体系，为高校大学生创造更理想的创新创业教育条件。“校企合作、产教融合”是比较前沿的人才培养模式，在这个过程中不仅校园资源得到了有效利用，而且企业也成为人才培养的参与者，充分发挥出了企业在人才培养活动中的作用，提高了人才培养质量。但是，很多高校似乎并没有意识到企业等社会资源在大学生创新创业教育工作中的价值和作用，基本上把所有的目光都聚焦到了校园创新创业教育上，不但给教师造成很大的工作负担和工作压力，而且也不能满足学生实际需要。理论与现实往往有着很大的差距，只有让学生身临其境地进行体验，他们才能真正地体会到创新创业的可能性，并在他们心中埋下创新创业的种子。创新创业教育并不应该是一个一蹴而就的过程，其往往要花费很长的时间才能产生明显的效果，所以这就要求学校、教师以及学生都要有恒心、决心和信心，愿意以破釜沉舟的勇气去实施创新创业教育，用更有效的创新创业教育模式去推动整个人才培养体系的发展，优化学生学习环境。而在这个过程中，那些宝贵的社会资源往往能够发挥出非常重要的作用，是实现创新创业教育、专业教育、思想政治教育“三融合”目标的强有力保证。

二、构建“三融合”人才培养推进高校创新创业教育改革的策略

专业教育、思想政治教育、创新创业教育作为高校教育的重要组成部分，都会对学生未来发展产生非常关键的作用。专业教育的重要性不言而喻，因为对于学生而言他们上大学的主要目的就是学习专业知识和专业实践技能，为他们今后能找到一个理想的工作岗位奠定基础；而思想政治教育是提高学生思想道德素养、增强他们爱国主义情感的有效途径。在当前的社会背景下，用人单位在考查学生时不仅会对他们的专业知识、专业技能进行考察，同时还会对他们的综合能力和综合素养做出要求，这就显露出做好大学生思想政治教育的价值和意义所在；创新是发展的不竭动力，无论是对于哪个行业而言，创新都是推动其发展的主要力量，所以只有当企业有具备创新能力的应用型人才时，这个企业的发展潜力才会更大，才可能在未来发展过程中具有更大的竞争优势和更多的竞争筹码。因此，无论是从学生实际需要来看，还是从深化创新创业教育意义入手，国内各大高校都必须通过构建“三融合”人才培养模式去推动高校创新创业教育改革，实现专业教育、思想政治教育、创新创业教育有效融合的目标，为广大的学生群体创造更优越、更有效、更理想的人才培养环境。为此，我们可以从以下几个方面入手。

（一）坚持在创新创业教育中把握正确的思想政治方向

思想政治教育是提高学生思想道德素养的强有力保证，对于当代高校大学生而言，他们必须要将自己培养成一个德才兼备的综合型人才才能更有竞争优势，成为众多竞争者中的佼佼者。坚持在创新创业教育中把握正确的思想政治教育方向，一方面是秉承“课程思政”教育思想的重要体现，能够把思想政治教育的影响力辐射到人才培养的每个环节，让学生能够时时刻刻都接受高尚道德思想的洗礼，使他们的思想和观念在不知不觉中得到提升：另一方面，这种做法还可以延伸创新创业教育的深度和广度，让学生可以在接受创新创业教育的过程中严于律己，严格按照教师的各项要求学习知识，从而使自己的综合能力和综合素养得到提升。这就要求教师要始终坚持创新创业教育的根本目的是“立德树人”，把培养高尚的思想政治品质、社会责任感放在首位。推动教师将思想政治教育融入创新创业教育与实践的全程中。在培养学生的创新精神、创业意识和创新创业能力时，加强思想道德与社会责任感培养，确保创新创业方向的正确性。以创业项目为载体，运用市场化手段，推广红色文化，推广国家、省、学校创业史。探索在创新创业项目中如何有效融入思想政治教育元素，建立项目案例库。增强思想政治教育的针对性和生动性，增强创新创业教育的引导性和实效性。国内红

色革命根据地有很多，这些资源既可以成为学生创业的方向，同时也可以作为开展大学生思想政治教育的资源。创新创业教育必须要打破传统思想的局限性，让学生学会如何而另辟蹊径，从更高的位置看待创新创业教育，让创新创业教育成为扩大大学生思想政治教育影响力的平台，达到共赢的目标。而这种做法不但有利于减轻学生的学习负担，同时还可以减少教育资源，一举两得。也只有这样，创新创业教育才能更好地发挥出作用，同时把课程思政的要求落实到实处。

（二）提高学生对创新创业教育的认识，提高对各种社会资源的利用率

事实上，很多学生之所以对创新创业教育缺乏兴趣，很大程度上是因为他们对创新创业教育缺乏了解，并不知道这种非专业教育工作对他们未来发展的影响。在这种情况下，如果我们想要实现专业教育、思想政治教育、创新创业教育“三融合”教育目标，教育工作者首先应该帮助学生更全面、更深入地了解创新创业教育。一方面，学校要发挥出作用，利用官网、微信公众号等宣传渠道对创新创业教育进行宣传，既要让学生知道创新创业教育的价值所在，同时还要让学生理清专业教育、创新创业教育、思想政治教育三者之间的关系，为使三个教育活动相互渗透做好准备；另一方面，教师也要发挥出作用，不但要严格按照创新创业教育方案开展教学工作，同时还要规范自己的教育思想，始终以维护学生的根本利益为前提，推行素质教育，以思想政治教育为媒介积极开展丰富多彩的业余生活，培养学生对高校的归属感。作为高校大学生，他们也要意识到当前社会发展形势，养成良好的学习习惯，既要学会利用网络资源自主学习，同时还要学会利用社会资源提升自我。正如前面所阐述的那样，各级政府、社会各界都越来越重视高校创新创业教育工作，而且各种创新创业教育资源也层出不穷。在这个过程中政府要发挥出作用，既要严格考察各大高校对创新创业教育要求的落实情况，同时还要优化创新创业教育社会环境，为那些积极参与“校企合作、产教融合”人才培养工作的企业提供更多的优惠政策，激发他们参与创新型人才培养的兴趣。而各大高校所需要做的就是知道如何统筹用好这些资源，实现效益最大化，更多地服务于高校创新创业人才培养的具体运行机制。学生也要为提高创新创业教育有效性出谋划策，在享受创新创业教育资源的同时提出一些合理性的建议，让高校能够不断完善现有的创新创业教育体系。

一言以蔽之，从当前高校创新创业教育现状来看，国内高校创新创业教育仍然存在着一些问题，这些问题严重影响着创新创业教育的发展。“三融合”人才培养模式作为一种新型人才培养模式，将其运用在高校创新创业教育过程中可以有效打破高校创新创业教育过程中存在的问题，促进高校创新创业教育的改革与发展，提高学生对创新创业教育的满意度和认可度。由此可知，《构建“三融合”人才培养模式推进高校创

新创业教育改革》这一课题具有重要的研究意义。

第二节　高校创新创业教育“三位一体”人才培养模式

随着我国应用型高校创新创业教育改革的深化和发展，应用型高校以“知识、能力、素质”三位一体的人才培养目标为先导，基于创新创业“全域教育”理念，以制度为保障、以教育教学为核心、以师资为基础、以平台为支撑、以帮扶为指导、以文化为引领，构建科学、系统、成熟的创新创业教育体系，实现应用型、复合型、创新型高素质人才的培养目标，为建设创新型国家提供强有力的人才支撑。

“培养什么人”是新时代我国高等教育的首要问题。根据新修改的《中华人民共和国高等教育法》第五条，高等教育的任务是培养具有社会责任感、创新精神和实践能力的高级专门人才，发展科学技术文化，促进社会主义现代化建设。随着高等教育内涵式发展的不断推进，基于社会责任感、创新精神和实践能力的人才培养任务，从深层次上体现的是“知识、能力、素质”三位一体的综合性人才培养目标。应用型高校作为中国经济现代化建设和高等教育大众化发展的产物，需要遵循“三位一体”的人才培养目标，以素质为基础，知识能力为关键，紧密对接地方经济发展需要，形成强势专业特色，全面提升教育教学质量，实现应用型、复合型、创新型高素质人才培养目标，通过不断释放人才红利促进现代化强国建设。

随着国家创新驱动发展战略的大力推进，应用型高校作为创新创业教育的主体，应主动适应经济发展新常态，不断深化创新创业教育改革，把培养学生的创新精神、创业意识和创新创业能力作为创新创业教育的出发点和落脚点，推进教学、科研、实践的紧密结合，加快创新创业型人才的培养，以服务于创新型国家的建设发展。根据《关于深化高等学校创新创业教育改革的实施意见》(国办发〔2015〕36 号)，到 2020 年，我国要建立健全课堂教学、自主学习、结合实践、指导帮扶、文化引领融为一体的高校创新创业教育体系。构建系统化的创新创业教育体系是一个复杂的过程，需要应用型高校与全社会协同育人，从理念、制度、教学、师资、平台、文化等多维度着手，形成全员、全过程、全方位、全生命周期的创新创业教育体系。

一、以理念为先导，树立创新创业“全域教育”理念

创新创业教育是新时代、新社会、新常态对高等教育改革的必然要求。应用型高

校在大力推进创新创业教育的过程中可以从顶层设计入手，做到理念先行，面向全体，树立全过程、全方位、全要素的“全域”创新创业教育理念，在“知识、能力、素质”三位一体的人才培养目标下，把创新创业教育融入人才培养全过程，提升学生的社会责任感、创新意识、创新思维、创新精神和创新创业能力。

全域教育是在大教育观的理念下，以学校为中心，充分挖掘社会各界全要素的教育价值，多措并举，协同育人，以促进人的全面发展。应用型高校构建“全域”创新创业教育理念是全过程、全方位、全要素的投入。全过程体现在创新创业教育要融入人才培养的各阶段；全方位体现在创新创业教育要贯穿整个教育空间；全要素体现在创新创业教育要整合运用社会各界育人要素。只有形成“全域”创新创业教育理念，才能全面实现教育资源全域整合、教育要素全域配套、教育过程全域管理、教育文化全域浸润、指导帮扶全域提升，从根本上构建科学、系统、成熟的创新创业教育体系。

二、以制度为保障，构建健全的创新创业教育体制机制

新制度主义理论认为，制度塑造和约束着行为者的策略。在“全域”创业教育理念下，制度既塑造着创新创业教育的价值取向，也规范约束着创新创业教育主体的行为，对深化高校创新创业教育改革起着积极的推动作用。从教育管理角度看，创新创业教育体制机制的构建包括了组织管理体制机制、教学管理体制机制、激励约束体制机制和监督评价体制机制等四个层面。应用型高校需要构建健全的创新创业教育体制机制，提升创新创业制度设计质量，才能有效保障创新型人才的培养。

在组织管理体制机制方面，应用型高校在落实创新创业教育主体责任的过程中，可成立创新创业教育专门组织管理机构，如设立创新创业工作领导小组、建立创新创业学院或办公室、教研室等，统筹管理协调全校创新创业教育工作。此外，应用型高校亦可结合学校实际，建立创新创业教育指导委员会、创新创业导师库等，多方位深入指导学生创新创业的理论和实践。通过搭建组织机构、明确组织职责、制定管理制度和执行管理责任，把应用型、创新型、复合型人才培养机制落实在创新创业教育工作机制中，形成具有应用型高校特色的创新创业工作体系，为建立和完善创新创业教育工作的长效机制提供坚实的组织保障。

在教学管理体制机制方面，应用型高校的创新创业教育应全面融入人才培养机制中。在“三位一体”人才培养目标框架下，以学科专业的人才培养目标和规格为基准，细化人才培养方式，协调人才培养模式中的诸要素，完善人才培养方案，形成创新创业教育和专业教育的有机融合。此外，应用型高校也可以结合学校定位和特点建立个性化培养的教学管理制度，一是对学生实施弹性学制，允许学生调整学业进程、适当

延长修业年限和休学保留学籍从事创新创业等活动，通过规范的教学管理制度给予学生宽松自主的创新创业空间。二是建立科学合理的创新创业学分积累与转换制度，将学生参加创新创业类的课程学习、创新培训、竞赛项目、科学研究、技术研发和自主创业等都纳入创新创业学分认定与置换，鼓励学生通过多种形式接受创新创业教育。

在激励约束体制机制方面，《2016中国高校创新创业教育蓝皮书》和《2016中国高校创新创业教育学情报告》显示，我国81.5%的高校在2016年出台了多项激励创新创业教育的政策和文件。应用型高校更需要把握现代管理激励与约束理论的核心，在规范和约束学生创新创业行为的同时，通过精神激励、荣誉激励、实践激励和薪酬激励等多种方式，激发学生创新创业的积极性、主动性和创造性，充分发挥学生的智力效应，实现创新创业教育的红利产出。此外，激励约束机制不仅能够有效指导创新创业行为，更能内化创新创业精神和社会责任感，激发学生形成可持续的创新创业内在驱动，让创新创业的素质、知识和能力教育贯穿于终身教育。

在监督评价体制机制方面，应用型高校要建立创新创业教育质量评价标准、质量过程监测机制和质量评价反馈机制，形成良性的创新创业教育机制。创新创业教育要融入应用型高校的专业教育，要制订可行的专业教学质量标准，各专业要明确创新创业人才培养的具体目标，细化能力要求；要制订科学的专业教学质量监测制度，对教育教学的实施进行多方位监测，并建立数据库进行分析比较，抓住教育短板；要制订专业人才评价标准和反馈机制，把创新精神、创业意识和创新创业能力作为人才培养质量重要的评价指标，以评价为导向，不断优化提高教育教学质量，促进应用型高校创新创业教育的可持续发展。

三、以教学为核心，加强创新创业课程体系建设

把创新创业教育融入应用型高校专业教育教学和人才培养全过程是开展创新创业教育的必由之路。应用型高校基于“面向全体、分类施教、结合专业、强化实践”的教学原则，以培养支撑学生终身发展、适应时代要求的认知能力、合作能力、创新能力和职业能力为关键，根据不同专业、不同阶段、不同特征、不同需求的学生群体构建不同教育层次机构、课程设置、教学内容、教学和考核方式的创新创业课程教育体系。

从教育层次结构上，可以搭建“面向全体学生的通识教育——面向不同学科专业学生的渗透教育——面向有创新创业基础和潜力学生的个性化教育”的创新创业教育体系，加强创新创业教育与专业教育的有机融合，由浅入深，均衡学生创新创业的全面发展和个性发展。在课程设置方面，可以构建“创新创业通识必修课程、创新创业理论选修课程、创新创业实践训练课程、精益创业实战模拟课程”四层次递进式创新

创业教育课程体系。在教学内容方面，可以开设创新创业基础理论、创新创业心理学、创新思维训练、竞赛实训、商业计划书原理与案例分析、项目路演与答辩技能训练、创业企业管理、财税管理、人力资源管理、风控管理、公共关系、新闻传播学、就业创业指导等课程，并融合专业课程教育，打造“跨院校、跨学科、跨专业”的交叉学科培养课程体系。在教学方式和考核方式上，可以采取课堂讲授与研讨、线上课程、课外研学、模拟实训、创业孵化、科创竞赛、专利研发、讲座会议等多元化的教学方式和考核方式，把创新创业精神、理念、知识和能力深度融入课程教学全过程，培养既具备扎实的专业素养、知识和能力，又具备良好的创新精神、创业意识和创新创业能力的复合型人才。

四、以师资为基础，打造高素质高水平创新创业教师队伍

教师是教学过程中的主导因素，师资力量直接影响着创新创业教育教学水平。应用型高校只有建立一支高素质高水平的创新创业师资队伍，才能为学生提供有效的教育教学指导，培养出能够满足社会经济发展需要的应用型人才。要打造高素质高水平的创新创业教育教师队伍，应用型高校需要把握教师准入、教学考核、职称晋升、培养培训、企业实践等多个环节，将创新创业教育贯穿到教师的整个职业生涯，建立教师专业发展、能力提升和锻炼成长的创新创业长效机制。

建立一支数量充足、素质过硬、结构合理、相对稳定的师资队伍已经成为应用型高校创新创业教育发展的迫切要求。应用型高校可坚持专职为主、专兼结合的原则，规范专兼职教师的准入条件，引进具备强的职业能力和潜力的专职教师，聘用企业家、专家学者、创业成功人士等优秀人才作为兼职教师，均衡师资配比，组建结构合理、相对稳定的创新创业教师队伍。在准入环节后，可以通过教学督导评价、教师自评、教师互评、学生评价等对专兼职教师的教学能力进行全方位考核评价，并对教师进行全面的绩效考核，坚持问题导向，补齐能力短板，不断优化专兼职教师的创新创业教育教学质量。此外，还可以将创新创业教育与教师职称晋升路径紧密结合，完善职称评聘标准，引导教师全面提升个人创新创业素质、教学科研和实践能力。要组建素质过硬的创新创业教师队伍，还需要不断强化教师个人的发展，鼓励教师参加创新创业的讲座、会议、国内外访学等在职培养培训，并加强校企合作，注重产教融合，深入企业进行创新创业实践，通过多环节促进应用型高校创新创业教育改革发展以及教师职业化、专业化、内涵式发展。

五、以平台为支撑，搭建“政府—企业—大学”三螺旋式合作平台

20世纪90年代中期，美国社会学家亨利·埃茨科威兹和罗伊特·雷德斯多夫教授提出“政府—产业—大学”创新三螺旋模型理论，通过政府、产业与大学三方的共同合作，促进大学等研究机构的教育理念和知识资本化和创新转化的实现。在创新创业教育的“三螺旋”结构中，高等院校作为知识生产机构，承担着塑造创新创业理念、传授创新创业知识、培养创新型人才的重任，发挥着智力资本创新的核心作用。政府作为契约关系的来源，承担着创新创业政策引导、规范市场制度和行为、完善创新创业社会服务体系、拓宽创业就业渠道的责任，发挥着支撑机构的宏观引导作用。企业作为创新创业市场化的主体，能够提供创新创业实战机会和经验支持、创新型人力资源支持、资金和技术支持，发挥着重要的支撑作用。

“政府—企业—大学”三者之间相互依赖、相互促进、相互影响。应用型高校可以整合“政府—产业—大学”三方的优质资源，形成有效的、高度契合的协同育人平台，把政府的政策措施、产业的最新需求和成果应用于创新创业教育中，通过政策带动、项目驱动、平台联动、资源推动，释放全社会的创新创业教育功能。

六、以帮扶为指导，建立系统化创业帮扶体系

大学生在创业初期面临着政策法律疑惑、资金缺乏、技术壁垒等问题，创业帮扶不仅能为大学生提供有效的实践指导，也能提高大学生创新创业的成功率。应用型高校必须健全创新创业帮扶体系，建立专门的学生创业指导服务机构，通过政策帮扶、信息帮扶、资金帮扶、实践帮扶等多种帮扶形式，对自主创业的学生做到一站式服务、全程式指导、持续性帮扶。

在政策帮扶方面，政府、企业、应用型高校要全员参与，根据各自职能制定帮扶政策，规范大学生创新创业相关业务办理流程，落实各项政策帮扶指导服务，形成全社会关心支持大学生创新创业的良好局势。在信息帮扶方面，应用型高校可以建立创新创业公共信息服务平台，及时发布政府、学校、企业、社会对大学生创新创业的帮扶政策、市场动向、行业前沿、创业项目、创业交流、创投案例等信息，开展咨询帮扶和项目评价，不断提升信息服务的质量。在资金帮扶方面，应用型高校可以与政府、企业协调合作，不断拓宽帮扶资金引入渠道，建立健全创业投资机制，通过设立大学生创业扶持资金、大学生创新创业教育奖励基金、大学生创业风险基金，或者吸引社会资本投资大学生创立企业等多种形式，为大学生创业提供资金支持。在实践帮扶方

面，应用型高校可以合理利用校园专业实验室、培训中心、产品研发平台、创业基地等场所，打造多元化的创客空间和孵化平台，为学生提供创新创业实践场所和所需设备，并依托创新创业导师的专业化指导，精准诊断、精准对接、精准赋能，提高“双创”要素配置效率，帮助大学生创业实现从“0”到“1”的转变。

七、以文化为引领，构建创新创业教育生态文化

创新创业文化是我国建设创新型国家、促进经济社会发展的重要引擎，而教育则是我国创新创业文化传承的重要载体。应用型高校要承担起厚植创新创业文化的长期使命，通过构建创新创业生态文化，促使创新创业的精神、意识和思维根植于大学生群体的文化“基因”中，形成大众创业、万众创新的良好局面。

营造创新创业文化是拓展创新创业教育宽度、扩大创新创业教育覆盖面的有效途径。应用型高校可以立足校情，结合专业特点，通过创新创业文化课程教学、树立创新创业成功典范、宣讲创新创业政策、组织专题沙龙和讲座、深入基地企业参观交流、与企业家交流、建立创新创业交流平台等多种方式营造浓厚的校园创新创业文化氛围，进而加强教师和学生对创新创业教育必要性、紧迫性和重要性的认知，激发大学生敢于创业的勇气和信心，形成具有生命力的创新创业生态文化。

教育必须与社会发展相适应。新时期，为加快创新型国家建设、服务经济结构转型，应用型高校可基于“知识、能力、素质”三位一体的人才培养目标，把创新创业教育改革作为综合改革的突破口，通过以全域创新创业教育理念为先导，从组织管理体制机制、教学管理体制机制、激励约束体制机制和监督评价体制机制四个层面构建创新创业体制机制，加强创新创业教育课程体系建设，打造高素质高水平创新创业教师队伍，搭建“政府 - 企业 - 大学”三螺旋式协同育人合作平台，构建系统化创业帮扶体系，营造良好的创新创业教育生态文化，进而形成全过程、全方位、全要素的创新创业教育体系。在将创新创业教育融入人才培养的全过程中，提高创新型人才培养的针对性、前瞻性和社会适应性，为经济社会发展提供持续的人才支撑。

第三节　高校创新创业教育 OBE 人才培养模式

本节基于 OBE 教育模式，通过对应用型本科高校创新创业人才培养具体规格的分析，分别从通识类课程、项目类课程、融入类课程、开放类课程四个维度，构建了科学完善的应用型本科高校创新创业人才培养课程体系。旨在能够确保双创教育的有效

落实，提高广大学生的双创意识及能力，充分实现应用型本科高校双创人才培养目标。

在党的十七大会议中曾明确提出："增强自主创新能力、创建创新型国家"以及"推动以创业引领就业"的全新发展战略。高校大学生是极具创新创业潜能的群体之一，实施创新创业教育，提高当代大学生双创意识与精神，增强他们的实践技能，是提升大学生将来抗风险能力的有效途径，对加强当代大学生职业素养及核心竞争力有着重要的现实意义。构建双创课程体系是培养双创人才的核心环节，更是实现应用型本科高校双创人才培养目标的重要保障，因此，应进一步加强双创人才培养课程体系的构建。

一、OBE 教育理念及模式概述

（一）OBE 教育理念

OBE 教学理念也被称之为结果导向教育，是一种依托学习结果的教学理念，代表着专业教学变革的大方向。清晰的整合并组织了教学当中的各个环节，让广大学生在自身学习过程中能够真正实现个人学习目标。20 世纪 80 年代至 90 年代初期，OBE 教育模式在西方诸多国家的基础性教育当中得到了广泛运用，这种全新的教育模式主要研究的是广大学生的学习产出，并通过逆向设计教学结构及完善合理的评价机制，能够在短时间内迅速提高教学质量。在 OBE 教育体系中，教师应对学生的学习成果有着清晰的构思，思考学生毕业后能够胜任的工作，并利用科学设计教育结构来推动及确保每位学生实现相关学习目标。与此同时，学生的产出也是教学模式的重要动力，从这一层面上看，OBE 教育模式是对传统教育模式的改革与创新，这种实践理念和教学方法在应用型专业人才培养上有着至关重要的作用与意义。

（二）OBE 教育模式

OBE 教育模式的基本内涵是以学生的学习目标为核心，强调的是层层递进式的教学观念。以学生理想的学习产出为基准，教师利用逆向思维来创建每位学生各自的教学框架及结果评价机制来有效引导学生开展递进式学习，并对学生各个学习过程中的真实成果加以评价，最终来确保教学质量的增强。OBE 教育模式注重学生在实际学习当中的主体性作用，提倡学生自主学习、彼此评价以及自我评价，而教师在教学过程中则充当的是管理者、引导者、监督者的角色，教师对学生有着重要的示范带头作用，同时也要对学生的自我评价进行点评。

二、应用型本科高校创新创业人才培养的具体规格

创新创业人才培养的主要规格架构是创新创业教育课程体系的关键性依据。应用型本科高校的双创人才培养规格应根据大学生自身将来的发展方向及社会实际发展需求进行制定。在全面构建小康社会的重要阶段，其核心任务是要充分实现国民经济建设的现代化以及工业化。从国家经济发展层面上看，结合国家对专业人才的具体需求来说，人才需求共有以下三大类，分别为技能型专业人才、管理型专业人才以及工程领域技能型人才。此外，在工程技术行业当中还存在某些发现及探究客观自然发展规律工作的相关人才，业界将这类人才称为学术型人才。上述几种类型的专业人才，他们之间有着完全不同的社会功能，需要的专业知识、专业能力及素养构成也有着较大的差异。对于应用型本科高校来说，主要以培养综合素养较高的工程技术类人才以及专业管理类人才为主，换言之，就是培养具备创新创业基础素质以及个性化发展的专业人才为主。

三、OBE 教育模式下应用型本科高校创新创业人才培养课程体系设计

（一）通识类课程

应用型本科高校应针对在校所有学生，开展创新性思维模式、创新方法、自主创业等相关重点课程。设立新生研究探讨、学生前沿、创新意识、就业与创业全方位指导等双创基础类课程。开设创新实训、创业实务以及创业运营类的通识选修课程，以此来构成层层递进、紧密衔接、科学合理的应用型本科高校创新创业人才培养类课程系统。

通识类课程主要是面向在校所有大学生的通识必修课程以及部分学生参与的选修课程，其重视的是创新意识、创新精神以及学生的双创能力等方面的培养。因此，可将通识类课程划分为创新意识与方法、双创教育、双创实务三大类别。其中创新意识与方法类包含 TRIZ 方法与运用、设计构思、逻辑思维、创新思维与方法、设计思维、网络思维及社会科学分析方法等课程。双创教育类主要有创业基础、商业模式及创业方案、创业团队及创业引导力、技术创新、创业融资与财务管理、电子商务，以及创业真实案例分析等课程。而双创实务类则主要包括商业模式策划、网络产品设计、电脑创新设计、产品研发与宣传策略、网络创业方式、大学生创新思维拓展实训等课程。

（二）项目类课程

应用型本科高校应全方位实施导师制度，以大学生双创实践训练规划项目、大学生双创比赛、大学生团体活动、项目孵化基地以及创客空间等为基础，结合具体项目需求设立有关专业的辅助类课程，让校内所有学生都能够积极主动地参与到双创活动中。项目类课程主要面向的是持续性学科比赛与各种类别项目要求所设立的有关课程，重视的是学生自身综合素养及完成项目所需的各方面专业知识与能力的有效提升。具体来说，项目类课程属于创新创业实践训练范围，其包含的课程通常为创新创业比赛类、创新创业实训类、企业需要项目类等。

其中创新创业比赛类课程可按照应用型本科高校当中的不同专业学生参与的双创比赛项目属性进行设定。比如《现代数字媒体设计》课程对应的全国大学生计算机设计竞赛，《数字建模》课程对应的是全国大学生智能化建模竞赛等。创新创业类实训课程重点针对的是高校大学生双创训练方案的申报及具体落实，主要由指导教师自主进行设计与研发课程。而企业需要项目类课程则规定应有行业及相关企业指导专家的参与，针对企业产品研发、设计及销售宣传等方面的实际需求，开展订单式的实践训练。

（三）融入类课程

应用型本科高校应成立校院不同级别的创新创业和专业整合的课程赞助项目，重点促进融入双创教育内容的各个专业课程授课教师与校外优秀导师相互协作，共同负责教学任务。在实际课程教学、实践训练等环节中激发广大学生对课程学习的热情与主动性，提高学业整体挑战程度，加强师生之间的交流与沟通，从而让创新创业的代表性专业课程与双创教育的匹配度、支持度以及符合度均能达到 60% 以上。

融入类课程主要是面向各个专业所开设的双创教育及专业教育相互结合的课程，其强调的是学生的基础专业知识、专业领域的创新创业能力及实践技能的培养。课程教学内容契合应用型本科高校双创人才的培养目标，该类课程有着明显的基础性、探究性、先进性等特征，可以及时将各专业领域中最新的研究成果及行业发展形势引进教学中，主张创新手段与专业知识的紧密结合以及创新方法的实践运用，侧重培养广大学生的创新创业意识、精神、思维模式与能力。

融入类课程的教学纲要应能够充分表现出新颖、创新、素养、创业及创造能力的实际需求，教学目标、教学规定、教学内容及讲解与实践、训练作业与测验等环节的设计都应科学合理，真正将教学与学习整合到一起，促使高校大学生创新创业能力的不断提升。融入类课程种类具体可分成学科学术与实务实践两种，其中学科学术类主要包括专业导论、全新技术和方法、学科最新信息、特色化专业课程，而实务实践类则主有创新方法的实际应用、产品设计及研发、行业与企业创新、技术及管理创新以及依托专业的创业实务等课程。

（四）开放类课程

全面实施课程教学内容及其形式的职业开放性、网络开放性、区域开放性以及国际开放性，积极主动的与相关企业职场人员共同按照专业特点、创新创业人才培养目标，开发设计具有合理性、前沿性、实用性且充分突出双创教育特征的系统化专业课程。全面吸收和有效利用西方国家和校外有利课程资源，共同分享高质量教学资源，切实推动慕课、精品共享课程、网络课堂及微课等多种网络课程的良好发展。

应用型本科高校的创新创业人才培养课程体系，是双创教育思想转变为教育实践的关键性载体。应充分遵守应用型本科高校自身的教学规律，坚持理论讲解与真实案例分析相整合、经验传授与双创实践相整合，将专业基础理论知识教学及实践进行有效统一，以此来充分调动广大学生的学习积极性及创造性。本节通过通识类课程、项目类课程、融入类课程、开放类课程四方面，构建了应用型本科高校创新创业人才培养课程体系，以此来更好的落实双创教育，确保创新创业人才培养目标的实现。

第四节　适应创新创业人才培养的高校教育模式

创新创业教育是以培养具有创业基本素质和开创型个性的人才为目标，针对大学生，需要培育其创新创业的意识、精神与能力。围绕这一目标，需从建立科学的教学理念、完善保障机制、推进产学研校企合作模式、加强创新创业硬件平台建设等方面入手，进一步地健全高校创新创业教育体系。同时有效深化与推动教学科研工作的改革与前进，通过创新创业活动使毕业生充分就业并提高就业质量。

百年大计，教育为本。高等教育是实现“中国梦”的关键，承担着培养和造就国家所需的优质栋梁之材的重要任务。改革开放以来我国的科教形势发生了巨大的变化，高等教育的发展同样面临着一些新问题与挑战，因此必须要求教育工作与时俱进，在实践中不断探索与改革，发现规律与总结经验。基于国家科教兴国、人才强国与可持续发展等战略，国家提出了“大众创业、万众创新”的理念，对高等教育的改革理念起到了醍醐灌顶的作用，为当今高等教育吹来了一股清新空气。

“创业创新教育”概念率先在 1991 年东京创业创新教育国际会议中提出：培养最具有开创性个性的人，包括首创精神、冒险精神、创业能力、独立工作能力以及技术、社交和管理技能的培养。该理念得到教育部等政府部门的高度重视与大力推广，在全国高校全面开展了创新创业的教育活动，对基础、平台、政策等均给予了大量的支持。

在此背景下，研究高校教学科研工作与创新创业活动之间的关联、融合与相互促进显得尤为重要，可有效深化与推动教学科研工作的改革与前进，通过创新创业活动使毕业生充分就业并提高就业质量。本论文通过理论与实践教学的改革，探索培养学生创新精神与实践能力、促进教师科教均衡快速发展的新举措。

一、特色保障与激励制度建立

由于学生是创新创业实践的主体，为了让学生有充足的时间并会充分地利用课余时间，又要避免他们沉溺在网络游戏等娱乐活动中，需进行广泛的宣传并建立更为健全的奖惩激励措施，引导他们参加各类科研项目、挑战杯、电子设计竞赛、创业竞赛等创新创业活动。首先，目前的高校里课堂理论教育在总学时中占比最高，学生课余学习与实践操作时间较少，在时间总量一定的前提下，创新创业活动必将与课堂教育产生冲突与矛盾。因此，无论是从提高学生自主能动性与学习效率方面，还是从创新创业活动需求方面来衡量，必须打破一直以来大学课程设置“神圣不可侵犯”的状态。通过可行性方案的探索与分析研究，可通过以下手段保障学生有足够的时间与精力投入到创新实践与创业活动中：①减少非主干课程数量与压缩基础课程学时数；②比赛等创新活动的关键时间与课程、考试冲突时，采取“请假”和“缓考”等保障措施；③创新创业内容与该专业非核心课程内容相对应时，建立“申请免听”该课程的制度。

通过上述保障制度的建立，较好地解决了与课堂学习冲突的问题，学生拥有充裕的时间与充沛的精力，因此参与各类创新创业活动的积极性得到了大幅度的提高。此外，通过压缩课程数量与学时的方法也让教师有更多时间从课堂走向课外，指导学生的创新实践，在培养学生之余也利于科研成果的转化。同时，为了鼓励与推动毕业生的创业就业工作，一方面可以定期定点的免费组织应届毕业学生到定点培训机构参加 SIYB 创业培训和创业模拟实训，另一方面可对自毕业学年起一定期限内自主创业并成功注册正常经营的毕业生提供一定的补贴与后续跟踪帮助。此外，学校还可以主动出击，作为风投资金与创业团队之间的连接纽带，将优秀的、有前景的项目介绍给风投资金，提高孵化率。

二、教学理念与模式的转变与创新

传统的本科教学有严格的理论体系与清晰的层次性，采用的是以学科为主的三段式的教学内容模式：公共基础课、专业基础课、专业课，偏向于培养对象的通用性，期待目标成为具有人文关怀的全面发展的学术性人才，而其中的技术体系则沦为理论教学的从属品。但是从创新创业的角度衡量，培养应用型人才同样重要，包含技术应用型、职业应用型、服务应用型等。其实理论体系与技术体系并不矛盾对立，相反地两者可以更好地对学生因材施教，为他们以后的职业规划提供更加清晰、明朗的引导，一如社会中既存在热爱基础研究、硕果累累的科学家，也有钟情科技产品与技术研发的工程人员，因此在高校中实行应用型人才教育为创新创业实践提供了重要支撑。落实到运行层面上看，应用型本科人才培养应该从一线生产、研发、服务等工作的要求出发，着重突出对基本知识的熟练掌握和灵活应用，以及实际动手能力与解决问题能力的培养，让学生拥有创业创新的技能与本钱。相对而言，并不需要对某门前沿学科进行理论深挖掘，对该部分的学生科研能力不作更高的要求。例如在目前的硕士研究生培养制度上已有专业型硕士与学术型硕士的区别，相关的经验可以借鉴到本科教学中。

在教学计划中，应用型人才培养应该强调参与个体的实践与体验过程，例如某专业对口的职业群里，需让学生对其有充分地接触与了解，如此这般才能让学生真正热爱该专业与行业，对创业实践有更为明确的方向与强硬的底气，以此为教学目标，才能正确指引整个教学过程，并对其进行正确评价。一方面要求学校必须紧密依托当地政府与企事业单位，建立密切的产学研合作关系：①基于优势互补、资源共享的互惠互利原则，与企事业、科研机构等合作建立产学研的联合实验与研发中心，提高培养人才的质量；②探索校企合作办学，建立校内外的实训中心与实习基地，作为学生实习实训的场所与技术成果转化的平台。另一方面鼓励教师在教学过程中根据自身研发的项目，理论与实践相结合，不仅避免了照本宣科，而且在学生加入项目组后，可以以大项目带动小创新，甚至孕育新的成果，达到培养应用型人才的目的。此外，在课程设置中需落实课程设计、专业实验和毕业实践等环节，既可以检验学生对知识掌握的程度，又可以锻炼学生的动手能力，提高学生创新创业的基本素质。

三、教学与科研的平衡

教师是连接学生与学校的主体，在培养学生创新创业能力过程中占有重要的主导地位，因此教师对个人工作应有充分的认识与合适的安排。一般而言，只有教学而无科研的是中小学，只有科研而无教学的是科研企业机构，“教、学、科研”三者并存的仅有高校，这就要求大学教师应处理好“教与研”两者的关系。如教学的多样化在学科、规模、层次、地点等均存在差异。因此正确地理解教学与科研两者的内涵有利于教师恰当处理它们的关系。

其实，对于教师而言，教学与科研两者之间的矛盾主要体现在个人时间与精力的有限性。然而，教学与科研又不是绝对的矛盾体，它们之间相互促进，相辅相成。高质量的教学需要科研工作的支撑，因为优秀的教学过程必须有雄厚的知识基础，而教师通过科研工作与积累可以了解学科的前沿与发展动态，不断丰富与更新教学的内容，所以科研是为教学保驾护航的有效手段；同时科研工作能在教学过程中不断地得到升华，通过课堂教学将科研成果与经验授予学生的过程中可以理顺科研工作的思路，与学生讨论互动可集思广益，从其开放式的思维获得灵感，为后续研究提供创新源头；同时通过科研工作提供教学素材，可以培养更多具有创新性思维和能力的人才，锻炼了学生基本的科研素养与研发能力，为创业创新活动奠定基础。

当然教学与科研的均衡发展，需要学校在政策层面上的支持。因为科研可以迅速提升学校的地位和声誉，大部分高校在以往的政策中体现出来的是重科研轻教学。已有统计表明众多学校存在科研导向，各学校里认为学校政策重科研轻教学的人数占大比例：华中科技大学 62%，武汉理工大学 54.4%、湖北大学 50.7%。教师重科研则可以迅速实现职称晋升，获得更高的经济收益与社会地位，此时的教学对于学校与教师个人而言都成了走过场的工作，从长远来看受影响的还是学校，毕竟学校的主要任务之一是培养学生，如果教学这项基本功能都丧失了，学生没有得到良好的教育和锻炼，毕业后将会给予母校严重的负面评价，从而在社会层面上形成广泛的负面影响。因此在“大众创业，万众创新”的背景下，学校应该鼓励教学与科研并重，尤其应该鼓励教学与科研相互融合渗透，在教学与科研上不对教师的经济收入与职称评审设置差异化对待，解决教师的后顾之忧。当然如何恰当地衡量教学与科研的工作量，需要详细地推敲与广泛地征求意见，如此才能让教师以“教与研”两条腿在教书育人的路上走得更远，让高校真正成为培养高级人才的象牙塔，让学生成为创新创业活动的真正受益者。

要提高大学生的创新创业能力，需在高校内形成良好的氛围，建设完善的培育体系，那么必须要求高校全方位支持并大胆尝试相应的教育改革，积极沟通政府与企业，建立优势互补、资源共享的合作模式；要求高校针对学生的创新创业活动建立特色保障与激励制度，形成一个良性循环的系统；要求教师转变教学理念，并平衡教学与科研两方面的工作，教学科研相长并培养适应创新创业的优质人才。这些思路在高校创新创业人才培养的教学科研改革中具有推广的价值。

第五节　智慧教育背景下的高校创新创业人才培养模式

智慧教育代表了教育教学发展的新阶段，从数字教育到智慧教育的演进为培养智慧型创新创业人才提供了可行条件和必要平台。本节基于多元智能理论，描述智慧型创新创业人才的多元智能特点，分析智慧教育助力高等学校创新创业教育改革的作用和机制，并提出高等学校创新创业人才培养的智慧化路径。在智慧教育背景下，高等学校应充分认知学生的多元智能素养，构建资源共享、过程协同的创新创业平台，更加注重对学生创新创业实践的个性化引导和专业化服务。

智慧教育（Smart Education）是描述信息时代教育教学的一个理念，已成为国际教育发展的主流。在我国，《国家教育事业发展“十三五”规划》要求积极发展互联网 + 教育，支持各级各类学校建设智慧校园，综合利用互联网、大数据、人工智能和虚拟现实技术探索未来教育教学新模式。从各地智慧教育建设和实施情况来看，培养智慧型创新创业人才始终是其基本目标之一，这也是现代高等学校教育教学改革的重点。根据国务院办公厅《关于深化高等学校创新创业教育改革的实施意见》，深化高等学校创新创业教育改革，是国家实施创新驱动发展战略、促进经济提质增效升级的迫切需要，是推进高等教育综合改革、促进高校毕业生更高质量创业就业的重要举措。自 2015 年起，我国全面深化高等学校创新创业教育改革，把促进人的全面发展和适应社会需要作为根本标准，将创新创业教育贯穿人才培养全过程，着力增强学生的创新精神、创业意识和创新创业能力。2017 年 1 月和 7 月，教育部办公厅前后公布了两批深化创新创业教育改革示范高校共 200 所，以期示范学校在创新创业人才培养方面发挥示范引领作用。

智慧教育为培养智慧型创新创业人才提供了平台和手段。在当前高等学校创新创业人才培养理念、质量、机制和模式面临深化改革之时，智慧教育视角或许能为教育机构提供有效的突破口。那么，智慧型创新创业人才的特点是什么？何谓智慧化的人才培养模式？创新创业人才的智慧化培养路径有哪些？这是新时代高等学校开展创新创业教育改革的起点和依据。本节结合智慧型创新创业人才特点，分析智慧教育助力高等学校创新创业教育改革的机制，并以此为依据提出高等学校创新创业人才培养的智慧化路径。

一、智慧型创新创业人才特点

关于“智慧”一词的理解,《辞海》的解释是：一是对事物能认识、辨析、判断、处理和发明创造的能力；二是才智、智谋。在《朗文字典》中，“Smart”包括两个方面的含义，一是“Intelligent”，即智慧的或智能的，是指事物具有良好的理解能力和思维能力；二是指一种由计算机所控制的智能化机器设备，可以根据具体情境而随机应变的技术。由此引申而来，智慧型创新创业人才能够善用智能技术、善用创新创业资源、善于自主学习、善于开拓实践，具备较高的思维品质和较强的创新能力，具有价值观、行动、思维、创造等属性。

多元智能理论（Theory of multiple intelligences）能够帮助我们更为具体、深入地认识创新创业人才的特点。多元智能理论由美国心理发展学家霍华德·加德纳在1983年提出，被认为是教学和学习的一个创新，因为它有助于开发学生在8个方面的智能，包括:语言、数理逻辑、视觉空间、肢体运动、音乐节奏、人际关系、内省和自然探索。诚然，每个人身上都具有至少这8种智能，不过其组合方式不尽相同，并且大多数人都有能力发展这些智能素养。但就创新创业人才而言，假设不考虑专业领域知识能力，对人际关系智能、语言智能、数理逻辑智能和内省智能的需求相比较其他素养应该是更为突出的，也可以说它们是创新创业人才应具备的通用的智能素养。

再考虑学科专业性特点，8种智能在学生身上的不同结合方式，决定了学生在某些方面不同于其他人的特质，也将影响其进行创新创业实践的方向。如，语言智能突出的学生善于表达，具有驾驭文字的能力，创新创业的职业方向有写作、演说、编辑、主持、播音等；数理逻辑智能突出的学生善于进行数字和逻辑推理，创新创业的职业方向有计算、会计、游戏等；视觉空间智能突出的学生对色彩、线条、形状、形式、空间及它们之间关系高度敏感，善于感受、辨别、记忆物体的空间关系，创新创业的职业方向有建筑、绘图、雕刻、设计等；肢体运动智能突出的学生善于运用身体来表达想法和感觉，以及运用双手生产或改造事物，创新创业的职业方向有运动、舞蹈、外科手术、工艺制作等；音乐节奏智能突出的学生对音乐节奏、音调、音色和旋律敏感，创新创业的职业方向有作曲、指挥、演奏、歌唱、音乐评论、乐器制作等；人际关系智能突出的学生善于理解别人及其关系，具有组织、协调、分析和人际联系的能力，创新创业的职业方向经理人、人力资源顾问、社会工作者等；内省智能突出的学生能够自我认知，善于把握情绪、意向、动机、欲望，创新创业的职业方向有心理咨询、哲学研究、教学等；自然探索智能突出的学生善于认识植物、动物和其他自然环境，创新创业的职业方向有生物科学、气象、天文、地理等。

需要说明的是，多元智能素养通常以复杂的方式相互作用，表现形式丰富多样。智慧型创新创业人才的培养需要充分开发人的多元智能。

二、智慧教育助力创新创业人才培养

（一）智慧教育：从数字走向智慧

广义的智慧教育是一种融合价值引导与实践操作的教育形态，是实现教育理论与教育实践“双向转化”的一种尝试。狭义的智慧教育主要指基于物联网、大数据、云计算、移动互联网、增强现实等新一代信息与通信技术建立的教育信息化系统，IT 架构包括感知层、云服务层和应用层 3 个层次，建设内容包括智慧教育云、智慧教室、智慧实验室、智慧校园和移动教育终端等。智慧教育以培养具有良好价值取向、良好思维品质、较强行动能力、较深创造潜能的智慧人才为目标，表现为网络化、数字化、个性化、终身化的教育特点。在智慧教育体系下，人人皆学、处处能学、时时可学。

智慧教育环境具有传统教育不可比拟的优势，对比教育信息化发展过程中的数字教育理念，智慧教育基于智能设备和无线网络提供学习资源，使学生能够更有效、更高效、更灵活、更舒适地学习，并沉浸在个性化和无缝的学习环境中。

（二）智慧教育培养智慧型创新创业人才

从上文分析可知，智慧教育的覆盖面和内涵广泛，教学形式方法多样，下面仅从培养智慧型创新创业人才的角度，探讨智慧教育对高等学校创新创业教育改革的作用和机制。

1. 智慧教育构建创新创业教育新生态

与传统意义上的创新创业教育相比，智慧教育有利于形成创新创业教育的新生态链，为大学生的创新创业实践提供了无限可能。首先，智慧教育下的高校教师具备先进教育理念，重视学生的思维教学，具有良好的数据素养和终身学习的能力，他们在智慧教育中承担思维教学设计师、创客教育教练员、学习数据分析师和学习冰山潜航员等核心角色，对于培养学生的创新创业思维、开发学生的创新创业智能素养、引导学生开展创新创业实践发挥着最为基础的作用。其次，智慧教育平台为大学生的创新创业教育提供了技术支持和环境保障。借助于新一代信息和通信技术，学生可以根据创新创业需求充分开发自身的智能素养，随时随地获取随需性的信息资源，学生与教师（或导师）之间、学生与学生之间、学生与社会之间通过各种通信工具和社交软件交流讨论，共享创新创业资源，共同开展交互协作，积极主动地创造作品，有利于形成一种无缝式的众创教育空间。

2. 智慧教育提供创新创业教育实践场

智慧教育环境除了包含物理空间外，还提供了一批基于网络的虚拟主体和平台，这好比为大学生的创新创业教育提供了覆盖全生命周期的实践场。按照智慧教育系统的 IT 架构体系，创新创业教育平台由 IASS（网络基础设施层）、PAAS（平台层）和 SAAS（服务应用层）3 个部分构成，提供信息发布、在线课程学习、创新创业项目、中介服务、虚拟互动社区等功能服务。通过教师指导和专家推介，学生可自主提交和展示创意作品，在创新创业孵化机制的作用下，由中介服务促成科技成果转化。在这一过程中，大学生通过模拟创新创业实践，多元智能素养得到提升，主要体现在：①善用智能设备无缝接入泛在的互联网络，自由构筑个性化学习环境，获得某一领域专业知识、技能与思维模式的能力；②面对纷杂性、不确定性、独特性和价值冲突等复杂多变情景时，展现出解决问题的能力和创造力；③创新创业实践活动中，展现出认知、激情、意志与顿悟能力；④善于合作、敏于变通，与社会文化环境共生共长。

因此，智慧教育为培育智慧型创新创业人才提供了环境和条件，或者说，智慧教育为大学生成长为智慧型创新创业人才的提供更多的可能。

三、创新创业人才培养智慧化路径

智慧系统一般体现为智能感知、互联互通和智能应用的特点。按照智慧教育的实现方式，本节提出高等学校创新创业人才培养的智慧化路径。

（一）认知学生的多元智能素养

根据全球化智库（CCG）《2017 中国大学生创新创业调查报告》，大学生对创新创业表示出浓厚的热情和兴趣，对于创新创业教育需求的呼声达到 98%，然而仅有 34% 的大学生认为自身能力基本满足创新创业需求。因此，高等学校迫切需要加强学生创新创业能力的培养。智慧教育能够弥补传统教育手段和方法在开发、培育学生多元智能方面的不足。具体来说，智慧教育采用以学生为中心的教学模式，其本质在于唤醒、激发、鼓舞。因此，高等学校应基于大数据分析，掌握不同学生的多元智能素养和创新创业需求，借助于推送学习服务、技术无缝联通、情景感知、交互、资源关联等技术，为学生提供更加丰富多样的教育资源，如开发创新创业教育优质课程群，推出资源共享的慕课、视频公开课等在线开放课程等，真正实现学生的自主学习、个性化学习、泛在学习和协作学习，从而提升学生创新创业所需的多元智能素养。

（二）构建协同的创新创业平台

同样根据《2017 中国大学生创新创业调查报告》，现阶段大学生接受创新创业教育的形式有创业活动、创新创业课程、创业实践基地实训活动、创业指导机构服务、技术测评服务等，而以活动类的创新创业教育为主。事实上，高等学校开展创新创业教育和实践可采取更为多样的形式，包括：①实验教学平台，如专业实验室、虚拟仿真实验室、创业实验室和训练中心等；②创业教育实践平台，如大学科技园、大学生创业园、创业孵化基地和小微企业创业基地；③创新创业实践基地：如大学生校外实践教育基地、创业示范基地、科技创业实习基地和职业院校实训基地；④科技竞赛活动，如创新创业大赛，技能大赛以及各类科技创新、创意设计、创业计划等专题竞赛；⑤协会或社团，如创新创业协会、创业俱乐部；⑥创新创业讲座论坛。在智慧教育环境下，基于云计算的网络教育平台可以集成和整合以上资源，为创新创业人才协同培养提供新的服务模式和技术途径。因此，创新创业人才培养需要高校与行业、企业、研究院所、金融机构、中介机构、用人单位、政府部门等不同社会主体之间建立协同机制，共建创新创业平台。

（三）引导个性化创新创业实践

高等学校创新创业人才培养，既是学生自身职业发展的需求，也是经济社会发展的需求。因此，在智慧教育背景下，高等学校应尊重学生创新创业领域和方向的意向选择，并进行个性化引导。《2017 中国大学生创新创业调查报告》分析表明，绝大部分大学生意向选择自己感兴趣的领域，或者自己熟悉的行业以及与自身专业相结合的领域，体现了大学生在选择创新创业方向上的理性，这与对学生多元智能素养的认知密切相关。因地域特色和优势产业不同，不同地方对创新创业人才需求有不同的层次和侧重点。如北京市海淀区重点吸引和培养科技型创新创业人才，主要包括新一代信息通信技术、人工智能、生物医药、节能环保、新能源、新材料等领域的科技前沿技术人才和科技企业家，以及战略性新兴产业基础人才、科技创业人才、科技创新公共管理与服务人才等；江苏省南通市重点引进并优先支持船舶海工、高端纺织、电子信息和智能装备、新材料、新能源汽车以及智慧建筑、先进通信技术、生物组织工程、现代农业和文化创意等创新创业人才。因此，高等学校应通过智慧的指导服务，有针对性地引导学生识别创业机会，捕捉创业商机。

总的来说，创新创业人才已成为当前国民经济和社会发展的第一资源，高等学校作为培养和输送创新创业人才的重要渠道，创新创业教育改革势在必行。智慧教育为创新创业人才培养提供了可行条件和必要平台，高等学校应结合智慧型创新创业人才特点和需求，探索建立智慧化的创新创业人才培养模式。

第六节　供给侧背景下人才生态化培养模式

应用型高校作为供给端在开展创新创业教育时普遍存在教育模式同质化、导师经验不足、创意成果难转化、技能教学内容单一等问题。为减少教育开展过程中的供需错位，文章从生态化的角度探索 G-U-E-S 创新创业教育人才培养模式的运行机制；在此基础上，从宏观、中观和微观三个层面提出人才培养模式的实践路径，以期构建出多层次的创新创业教育人才培养体系，为创新创业人才培养的供给侧改革提供具有指导价值的理论及方法。

作为推进应用型人才培养的重要抓手，创新创业教育在全国应用型高校中蔚然成风。以在国内处领先水平的浙江省为例，截至 2017 年，省内建有示范性创新创业学院逾 30 所，在校生规模约 10 万人。预计至 2020 年，将培育高校导师 5000 名，结对培育大学生创新创业者 20000 名。然而应用型高校作为创新创业教育的供给端，在开展创新创业教育时普遍存在教育模式同质化、导师经验不足、创意成果转化难及技能教学内容单一等问题。因此，从生态学的角度研究创新创业教育人才培养模式的运行机制，探索应用型高校人才生态化培养模式的实践路径，不仅有助于构建多层次的创新创业教育人才培养体系，同时也对推动经济新常态下创新创业教育供给侧改革、创新驱动发展和“双创”战略具有重要意义。

一、供给侧改革视角下应用型高校创新创业教育面临的困境

（一）创新创业教学模式的同质化，难以满足多元化的创业者学习需求

目前，浙江省大部分应用型高校推出的创新创业必修课均是基于能力驱动，即在课程和培训开设之初首先剖析受教育者通过教育所需具备的能力，在此基础上构建相关能力模型并设计课程和培训内容。然而，能力导向型的创新创业教育将导致教学方式的模式化和课程内容的趋同化，产生千校一面的同质化问题。例如，针对双创教育的课程设计，均以“机会之窗识别”“商业模式设计”和“企业领导力”等基础类课程为主；鲜少渗透不同学科，难以满足高校大学生专业知识、能力结构和兴趣特长等方面的差异化需求。

（二）导师的实战经验明显不足，不能协助创新创业者应对市场复杂性

很多浙江省应用型高校，尤其是仅设置创业课程但尚未成立创业学院的本科院校，由于短时间难以招募到优秀的企业师资，本校的专任教师就开始充当起创业导师。他

们中的绝大多数，虽可提供专业化的创业理论知识，也能鼓励学生积极参加创业赛事和开展自主创业，但缺乏实战经验和商战技能，导致大学生在创业初期捕捉“机会之窗”以及创业过程中面临纷繁复杂的市场环境感到难以应对时，很难与创业者之间形成深度互动，甚或是提供资金、技术、情报和渠道等方面的支持。

（三）创意成果不符合企业需求，难转化成创新创业项目无缝对接市场

作为社会教育的重要组成部分，高校创新创业教育隶属于社会创新创业生态系统。所以与其他高校教育相比，创新创业教育最突出的特征在于其实践性。但事实上，高校创新创业教育与外部生态系统的联系甚少，与社会外界之间形成的信息壁垒致其很难融入整个创新创业生态系统的信息流；滞后的信息传递导致具有实践性质的创业赛事和孵化项目（如“挑战杯”大学生创业计划大赛、大学生新苗人才计划项目、“互联网+”大学生创业大赛等）涌现出的创意性成果实际孵化成创业项目的比例并不是很大。

（四）创新创业技能教学内容单一，不能满足学习者一站式全方位需求

大学生在开展创新创业活动时，除需具备最基本的创新创业理论知识外，还应掌握会计、法律、投融资、知识产权、团队组建、传媒营销等一系列的商业运营管理技能。然而，目前我国应用型高校在创新创业方面的教育大多借鉴国外重点高校，以基础理论类为主，涉及投融资、市场营销、战略管理等方面；但在设计与开发上相对较为零散，数量也非常有限。也有小部分高校开始提供其他创新创业服务课程，但大多内容单一、程度不深，缺少一站式的全方位公共服务提供，对创业者的帮助也十分有限。

基于上述分析，尽管目前我国应用型高校创新创业教育仍在持续开展，但在此过程中出现了教育模式同质化、导师经验明显不足、创意成果难转化和技能教学内容单一等问题，故供给侧改革背景对创新创业教育人才培养模式提出更高的要求。最近几年，学界相继对此问题展开深入研究，但尚未形成一个完善的创新创业生态系统。而从中得到一些有价值的研究成果，也多聚焦教育生态系统主体某个或者某些方面的需求。例如，针对教学模式同质化，王占仁提出建构广谱式的创新创业教育范式；针对导师经验明显不足，李菲等倡导创客型的人才培养模式；针对创意成果难转化，杨欢耸提出以“一库四平台”为基础走向“二库六平台”的人才培养模式；针对技能教学内容单一，李爱民等强调以“市场导向、技能建设”为基础的教育结构的重要性。基于此，本节以供给侧教育需求方大学生为主要切入点，从生态学的角度探索基于“政府—高校—企业—学生”的人才培养模式（Government-University-Enterprise-Student 模式，即 G-U-E-S 模式）的运行机理；在此基础上提出创新创业教育人才培养模式的实践路径，以期为应用型高校创新创业教育人才培养提供具有指导价值的理论及方法。

二、应用型创新创业教育人才生态化培养模式的运行机理

基于上述分析并结合供给侧教育需求端的痛点，本节通过对浙江大学宁波理工学院、浙江万里学院和宁波财经学院等应用型高校的实地调研，构筑包含政府（Government）、高校（Uni-versity）、企业（Enterprise）及大学生（Student）在内的创新创业教育生态系统，从“学校—学生”“企业—学生”“高校—企业”“政府—高校—企业—学生”切入，提出生态化的培养模式，减少教育开展过程中的供需错位。

（一）高校—学生（U–S）：打造一站式的特色创新创业课程体系

现有的创新创业课程大多以商学院课程为主干，围绕创业活动的核心环节，开设“创新思维训练与创造能力开发”“商业价值发现与项目选择”“商业计划书”“创业团队建设与管理”“商业模式案例分析”“网点与微店运营管理”“网络营销策划与实务”“商务谈判”和“企业发展和公司战略”等创业基础课程。但是，创业过程涵盖经济社会生活的方方面面，涉及创业机会识别、工商登记注册、记账社保、产品进货、经营推广等一系列主题。因此，有必要在构建“广谱式”的创新创业教育范式基础上，按照大学生团队开展创意性创业活动的时间顺序，从创意构想、公司创设和经营管理三个阶段，细化创业机会识别、创新创意孵化、启动资金募集、创业团队组建、创业空间选择、创业项目启动、物资设备采购、策划包装宣传、商贸交易促成、货品存放运输和沟通反馈实现等创业步骤，以此打造一站式的创新创业课程体系。

除提供创新创业全过程的基础课程外，需考虑产业行业对所需具备核心专业技能的差异性，异质地设计特色课程，“量身定做”个性化的人才培养模式。因此，在人才培养方案的设置上，应嵌入有利于专业衔接和交叉的特色课程学习模块，要求学生结合自己的兴趣领域和专业特长，在环境学院、体育学院、教育学院、文传学院和建筑学院等院系进行辅修，同时在创业基础类的课程作业中也有所体现。另外，创新创业特色课程的设置应结合时代特点。例如，平台赋能时代涌现的“机会之窗”比比皆是，网红制作和分发创意性内容聚焦网络直播平台、小学教师利用微课创业有赖在线教育平台、医生开展在线卫生关注医疗服务平台等，因此可根据行业属性设置平台资源学习课程，确保培养的人才能精准把握行业趋势，娴熟掌握新型创业工具，成为顺应新时代发展需求的复合型创意性创业人才。

（二）企业—学生（E–S）：提供多元化的创新创业专业实践锻炼

创新创业教育的实践性，决定供给侧教育改革的施力主体不仅包括学校本身，还需要得到教育生态系统中其他创业支持机构的支撑。虽然目前部分高校已建成各类众创空间，但仍没有与外部企业形成一体的流动机制。人才培育模式与市场供需之间的

结构性矛盾，导致培养的学生难以将课堂的知识所学孵化成市场需要的创业项目。因此，必须为应用型高校的大学生提供创新创业专业实践锻炼，其中一个较为重要的渠道是策划组织创新创业类竞赛。一方面，企业发布感兴趣的孵化主题鼓励在校大学生进行商业设计，以比赛形式让其将优秀的创意思想呈现给企业，便于企业进行招募。另一方面，收集富有挑战的创意型项目，通过展示、评估、发布、互动、褒奖等，将其真正运用到产业实践中；同时，把比赛过程中选拔出来的优秀学生作为人才储备的重要培养对象，推荐给企业。例如，北大科技园组织的“创启未来”国际青年科技创业赛自 2014 年首次创办以来，以人工智能、生命科学、新材料行业赛等新兴业态为主题，举办了 50 场次的双创孵化活动，吸引逾 3000 个国内外优质项目参赛，为在校大学生提供从创意孵化到创业经营的全方位支持。

除企业界的商业辅导和技术支持外，投资机构及其他行业性组织也为大学生提供了专业的融资服务。例如，由中国投资创业协会、创业联盟等共同发起，联合红石诚金、众生资本等投资机构组织的全国大学生创业实战大赛，就是在大学生中选拔优秀的创业项目并予以资金支持。他们举办的“寻找百名校园创业之星”提供了 20 万元创业大奖，帮助大学生开启创业实战之路。此外，也出现了一批支持创新创业教育发展的非营利机构，其中较有代表性的是“中国大学生创业基金”，通过开设创业大讲堂、开发创业实习项目和构建创业项目数据库等方式，以此培养应用型高校大学生的创新意识和创业能力。

（三）高校—企业（U–E）：搭建资源互通的校企合作共享平台

在高校与企业之间形成资源互动的校企合作、互利共赢的合作机制，有赖于“双师”队伍建设、企业师资招募和校企平台搭建前述三个方面的有力支持。

一是建设高水准的“双师”队伍，安排高校教师积极参与企业实践。高校的创新创业教育，涵盖了产品和管理、人力资源、市场营销、财务管理和社会心理学等多个学科的知识，故应用型高校对创新创业导师的综合要求较高，需制订计划要求相关教师参加全面的创新创业教育培训，如开设全校性的创新创业导师成长工作坊、KAB 课程培训和创新创业导师高级研修班等，选派专业骨干教师参与全国高校创新创业教育能力提升专题培训、赴斯坦福等创新创业教育特色高校进行经验交流，要求从业教师考取相应的职业资格证书并做好认定工作。同时，安排相关教师以脱产锻炼、柔性挂职等形式参与企业实践，了解企业运营和产业发展，熟悉岗位设置和管理制度，从而提升教师的专业内涵，加强实践教学环节。

二是招募优秀的企业师资，举办企业家论坛和创业沙龙等活动。一方面，邀请优秀的企业实践家、创业校友、众创空间负责人、相关协会及俱乐部负责人等，围绕创业流程、共性服务和行业特色等主题，以讲座、论坛、沙龙、工作坊等多种形式进行交流，传递产业切实需要的前沿资讯，激发在校大学生的创造性思维，帮助创意孵化和无缝对接市场。以世界一流大学斯坦福为例，邀请各界领袖以及行业代表，通过体验式的讲座与在校学生进行面对面交流，共同讨论“社会创业与全球贫困”“企业家精神和创新思想”等。另一方面，以创新创业需求为导向，围绕公共支持服务，设置天使投资和私募股权、知识产权风险和防范、项目孵化与运营管理等实践性较强的技能专题，有助于支持引导其开展创业活动。例如，清华大学深圳研究院下设的创业英才班，就围绕如何构思、创办、融资和运营等主题设置实践课程讲座，以此丰富学生的创新创业视野。

三是构建校企合作平台，联动社会形成创新创业教育联盟。尽管创新创业教育是一门实践性较强的学科，但就目前的情形来看，绝大多数都局限于学校内部的专业课程和学科竞赛，与生态系统外部的联系甚少，形成相对较高的信息壁垒。为加强与社会外界之间的联动机制，有必要构建资源互通的校企合作平台，形成创新创业教育联盟：从学术研究层面，通过搭建实践与研究相对接的实验室和研究站，助力高校研究者挖掘企业案例和数据价值。例如，阿里研究院 2009 年开始启动的“活水计划”，目前共连接 300 多名学者超过 200 项的合作项目，产生诸多基于该共享平台的数字经济理论创新。从企业实践层面，通过建立实训实习与创业一体化的校企合作基地，推动创新创业教育的顺利开展，帮助大学生接触更多的社会资源与创业机会。例如，落户硅谷的高新科技企业谷歌和网景等，就与美国斯坦福共建了大学生创新创业实习基地，为创业者提供实践锻炼的机会。

（四）政府—高校—企业—学生（G–U–E–S）：构建生态化的创新创业人才培养机制

对创新创业教育而言，最主要的施力主体即应用型高校。而在供给侧改革中，必须综合构建创新创业教育生态系统的政府、高校、企业和学生等整体关系形成的合力，因此有必要从战略层面对宏观创新创业教育生态进行优化。

首先，提供以大学生为中心、鼓励其开展创新创业活动的制度环境和政策保障。在意识形态建设方面，成立“高校创业教育指导委员会”，加强创新创业方面的理论研究和经验交流；定期举办学科竞赛、讲座论坛和模拟实践等，提升创新意识和创业能力。在专业实践强化方面，教育部门和科技部门联合牵头，依托高等院校和大学科技园，建设大学生科技创业实习基地，为实训、实习及创业孵化提供支撑。在激励政策扶持方面，结合典型经验和地方约束，从准入门槛宽松、公共服务支持、科技人才引进、奖励和财政补助、创新创业辅导、促进创新的税收优惠、创业投融资支持等方面，相继出台系列利于大学生科技创新、自主创业的政策制度。

其次，结合专业特色推进高等院校创新创业教育及在校大学生自主创业工作。根据国务院办公厅印发的《关于深化高等学校创新创业教育改革的实施意见》（国办发〔2015〕36号），尤其在“大众创业、万众创新”背景下，要求创新创业教育不是针对文化、工程和医学等少数专业的精英式教育，而是以全面普适提升学生的创新意识和创业能力为目的、面向各类层次及各个专业的广谱式教育。因此，深化创新创业教育改革的重点在于：如何基于培养定位，挖掘出各专业创新创业的重要资源；如何基于课程建设，设置出跨院系、跨学科、跨专业的基础类、特色及交叉课程；如何基于实践应用，全面考核大学生的知识运用与问题解决能力以此替代传统课堂的标准化测试等。

最后，围绕创新创业全过程提供商业指导、创业支持及第三方服务等政策支持。事实上，实际的创新创业过程关乎工商注册、创业扶持、企业融资、知识产权申请和技术转移等一系列问题，涉及产业孵化园和技术创新服务机构、金融企业及投融资机构、创业辅导及人才中介服务中心等第三方服务企业，需从顶层设计上为优化商业生态环境提供一站式的政策支持。例如，根据融资用途提供信用贷款、债权融资、天使投资和应急周转等经费补助；根据创新类型设置技术改革和模式创新、科技惠民和应用示范、两化融合和电子商务销售类的专项补贴；允许大学生创业团队利用企业创新券抵减一定比例的发明专利申报和检验检测支出费用等。

三、应用型高校创新创业教育人才培养模式 G–U–E–S 的实践路径

供给侧背景下的 G-U-E-S 人才培养模式从在校大学生的创业痛点出发，依托创新创业教育生态系统中政府、高校、企业和大学生创业者之间的整体互动，从供需匹配的角度优化多元主体的内在关系以实现生态化推进。

（一）宏观层面：精准发力，促进融合、协同和共享的双创教育生态环境

各级政府及主管部门，应制定政策法规鼓励在校大学生开展创新创业活动。其中，中央及各地方政府应基于意识形态建设、专业实践强化和激励政策扶持等，提供科技创新和自主创业的制度环境和政策保障；教育主管部门应引导高校结合学科专业，推进面向高等院校各个层次和各大专业的“广谱式”创新创业教育；科技、财税和人力资源保障部门应围绕创新创业的全过程，从工商注册、记账社保、项目融资、产品进货、营销推广和知识产权维护等方面提供一站式的政策支持。

（二）中观层面：多方联合，搭建互联互通、共享共治的校企合作平台

行业性组织和高等教育机构联合，共商共建资源互通的共享平台。重点将从以下方面进行突破：一是建设高水准的“双师”队伍，以脱产锻炼、柔性挂职等形式安排高校教师积极参与企业实践；二是招募优秀的企业师资，围绕创业流程、共性服务和行业特色等创办体验式的企业家论坛，以创新创业需求为导向开设实践技能提升类的专题沙龙；三是从学术研究和企业实践两大层面构建校企合作平台，打通产学研用的全线链条，联动社会各界构建创新创业教育联盟共同体。

（三）微观层面：以大学生为主体，提供多渠道、多路径的综合性试练场

借助企业和高校两大主体，全方位多角度地培养在校大学生的创新意识及创业能力。一方面，应用型高校结合专业教育，围绕创新创业活动的核心环节及产业行业对核心技能掌握要求的差异精细化地进行课程设计，从而打造一站式的创新创业课程体系。另一方面，教育生态系统中的企业及投融资机构等第三方创新创业服务支持组织，通过策划大学生创新创业赛事、开设创业讲堂和实习项目、构建创新创业项目数据库等，以期为大学生创业者提供多元化的创新创业专业实践锻炼。

第七节　非遗视角下的艺术教育“创新创业”人才培养

“非遗”即非物质文化遗产，是由各族人民继承发展而来的，与人们生活息息相关的传统文化的一种表现形式。作为中华民族的文化命脉，我们有责任去保护与传承，有必要去守护民族的精神家园。艺术高校是培养艺术类人才的专门基地，把“非遗”融入高校艺术教育，有助于艺术类学生吸取民间艺术营养，扩大文化视野，提高审美能力、实践能力和创造能力，为培养符合我国国情需要及全球化大环境下所需的创新思维能力的新型艺术人才具有十分重要的作用。

非物质文化遗产是文化遗产的重要组成部分，也是传统文化的重要组成部分。是人类文明真挚的情感表达，具有民族特色的淳朴的原生态文化烙印。在保护与传承非物质文化遗产这条道路上，各方力量都是不容小觑的，而文化聚集地高校更是有着至关重要的责任。面对非遗的保护与传承，各地高校的艺术专业人才培养也朝着多样化、灵活性等方向发展，艺术类学生在专业学习上也会自主选择一些自己感兴趣的非物质文化遗产类型来学习与研究，真正做到各取所长，物尽其用，传承与发展。

一、高校艺术教育课程中加入“非遗”课程的必要性

“非遗”保护是刻不容缓的，而其保护核心在于传承，但因为它的特殊性又使得它的传承人培养又更加困难，高校丰富的设备、技术和场所，尤其具备完善的艺术教育体系。这也就决定了高校的艺术教育专业的学生成为“非遗”的主要继承人。从这一角度看，在高校艺术教育课程中引入“非遗”课程是时代发展的必然结果，有利于传统文化的传承与创新发展，并形成良性保护与发展模式。

高校艺术教育学生所接受的专业技艺培训一般都是时尚前沿的代表，实践教学也是与现代设计接轨的，可以说对传统民间艺术是知之甚少的。而高校艺术专业教育设立专门的非遗教育实践课程，给现有的设计课程注入了新鲜的血液，打破了传统的艺术教育理念，从根本上让学生明白非物质文化遗产的重要性，增强对非物质文化遗产的保护与传承意识，避免文化遗产的消失与被破坏；同时还能有意识地培养学生对民间艺术文化的热爱与创造力，延续非物质文化的生命力。对高校艺术人才培养显得更具民族性、更国际化，更具特色，更有创新性。

另外，在我国民族传统正遭受西方文化的冲击环境下，将非遗放进校园、放进课堂、放进教材，积极地弘扬我国优秀的民族文化传统，实现非遗保护、继承与高校艺术教育共享资源、共同进步，还能有效地提升我国民族文化的创造力与国家的软实力。

二、创建“非遗”文化平台，提升学生的文化内涵与创新素质

高校艺术教育与“非遗”传承相互融合，相互促进，有利于培养艺术生的民族精神与爱国主义精神，同时也会促进艺术生的人文素质、文化品位、审美情趣等的提升，这当然离不开校园文化的建设。育人的同时，但首先还是得做好校园文化建设，若能将“非遗”传承的相关内容融合到校园物质文化、精神文化以及制度文化建设中，可从多个角度、潜移默化地影响这些艺术生们的品位、素质、情趣等。如让学生参加传统工艺的学生社团，开设相关的艺术活动，将传统工艺文化引入校园等。组织“非遗”活动，进行“非遗”进高校等系列传统文化讲座活动和相关社会实践活动等，通过对“非遗”企业和各类民间工艺作坊进行实践调研，了解传统工艺流程和生产状况，激发学生对“非遗”工艺的兴趣，结合专业鼓励学生对“非遗”工艺进行创新。在走出去的同时，还要请进来，高校可以邀请传承人进驻校园，为学生的学习与创作提供技术支持，实现技术、设计、生产、创新四位一体化。这样既丰富高校校园文化活动，又体现高校艺术教育的应用价值。

三、高校艺术专业“创新创业”人才培养新模式

2002 年首届非物质文化遗产教育教学研讨会上，首次高调提出要将非物质文化遗产作为中国高校的课程进行下去，并强烈要求高校能够成为传播传统文化的主要责任人，不断地加强全国民间文化的教育与宣传工作，让学生与人民大众真正地了解非物质文化遗产的重要性，尽力地去保护与传承非物质文化遗产。

在现代教育理论思想指导下，按照应用型专业人才的培养目标与人才规格，我国高校艺术专业需要培养“创新创业”型艺术人才。很显然，高校艺术专业人才培养新模式应该要符合当地文化现状，促进地方高校教育与非遗文化的相互推进发展。

（一）设置专业的非物质文化遗产课程

众所周知，“非遗”仰仗的是精湛的传统工艺，这就要求高校艺术专业人才需要掌握诸多方面的知识，比如设计方法学、材料的研究学、工艺技术学、民间文化的历史学等，故这些课程的学习也是非常有必要的。这些课程可以被划为“非遗”基础课程的内容。一方面，有利于学生探究非遗手工艺技能与传统文化的精髓等；另一方面通过非遗文化课的传播，可提高高校艺术人才的创造力与创新力，进而使得传统工艺得到发展与流传。

高校艺术专业大都设置了专门的艺术课程，包括考察类与主修类。我们要做的就是在这两类课程中合理地配置一些与非物质文化遗产教育相关的非遗教育实践活动，比如根据学校的发展方向与本地域文化相结合，开发适应本土地域的传统工艺课程。在这些课程的教学中要让学生亲身感受本土的传统艺术，并增强学生收集、整理资源的实践能力，开拓艺术眼界，积累艺术知识，最终在教学过程中完成对非遗文字、图片、音像等资源的整理与储存。在艺术课程实施过程中，学生拓宽了对传统工艺的认知，建立传统文化氛围，对非遗项目进行专项设计，并能够通过开发设计创新产品，从而促进地域经济的发展。

（二）建设与艺术相关的非物质文化遗产场所

高校的艺术教育一旦涉及非遗，对人才培养的要求就会更加综合性、更加复杂、更具特色。高校艺术类学生需要掌握一定的基础知识，甚至不可缺少一些与艺术相关的人文历史信息，甚至包括一些民间传统工艺技能，比如众所周知的刺绣技艺、陶艺技艺、染料技艺等。还得具备灵活的学习能力，懂得将传统手工工艺灵活运用到现代艺术设计中。简而言之，高校所需要孕育的艺术人才必须具备跨学科的知识储备能力，比如自然、历史、音乐、美术、文学、科学等，真正做到自然科学与社会科学的优势互补、

融会贯通。因此，可在高校艺术专业领域设立专门的非遗场所，让民间文化与艺术教育教学紧密联系在一起，并进行实地教学实践，使得艺术教育在教学目标、教学计划、知识架构上都能得到重新调整与组合，其他相关专业也能参与其中，对非遗传承实施有效的绑定。

（三）探索“非遗”传承人才培养的现代学徒制模式

高校艺术专业的必修课与选修课中可以适当加入非遗文化基础课程，还可以将非遗课程详细地划分为专业课程与拓展课程。在教学过程中始终以学生为主，灵活地调整教学方式。比如，可以理论课与实训课相结合。聘请专门的非遗传承人来授课，以便学生能够掌握“非遗”的工艺技艺，并由教师从旁协助分解指导。通过学校、企业的深度合作与教师、师傅的联合传授，对学生施以技能培养为主的现代职业教育模式。增强学生对非遗文化的理解，直接抓住重点要点，提高学生的学习热情。最重要的是，将理论与实践结合教学，有利于培养高素质的综合型人才，拓宽高校艺术类学生今后的就业渠道等。

（四）建立非遗资源库

培养人才固然重要，但还得学会对非遗文化进行信息整理与筛选，采用新的教学模式，实施新的教学策略，积极地保护与传承非遗文化。我们需要建立非遗资源库，一则是储备好现有的非物质文化遗产资源，二则是储备非物质文化遗产的教学资源。前者的储备，其实就是对传统文化信息的汇集与保存工作。后者就是整理与汇总非遗教育教学过程中所积累的经验与教训，包括教学大纲的设置，课程的设定，教学实践的策划等，以备今后学习参考使用。

（五）明确目标与评估管理制度

在培养目标方面，不仅要求学生掌握非遗基本理论知识，还得熟悉非遗项目研发过程，甚至要基本了解非遗领域的基本法规、政策。对于教学管理与评估制度方面，必须确保管理与评估制度的完整性、可操作性、科学性与公平公正性等，甚至要做到规范化、有秩序地实施执行等。

非物质文化遗产走进高校，走进艺术专业殿堂，就是将民间传统艺术与主流艺术教育融合在一起。高校艺术专业学生所进行的非物质文化遗产教育实践活动，不仅传授了有特色的民族传统艺术文化，还大大地拓展了高校艺术教育的教学手段与方式。另外，在这一过程中，艺术类学生对本土民族传统文化的保护与传承热情肯定会高涨，进而促进民间艺术精髓能够得到更加有效地传承与创新，培养了符合社会发展需求与个性化发展的新型实用型的艺术人才，将我国的民间艺术与传统文化真正地做到发扬光大，并世世代代相传下去，甚至走向世界。

第六章　高校创新创业教育的实践应用

第一节　高校创新创业教育平台构建及应用

加强高校创新创业教育是推动国家创新发展的重要措施，是我国高等教育发展的基石。为研究构建高校创新创业教育体系，搭建高校创新创业教育实践平台，将高校创新创业教育与高校人才培养紧密结合，解决创新创业教育过程中出现的问题，培养大学生创新思维和创新创业能力，推动我国高等教育教学改革，介绍了高校创新创业教育实践平台、创新创业教育课程体系、双结构教师队伍和质量保障体系建设，并结合典型实例，对高校创新创业教育取得的成效进行了分析。

创新创业是民族振兴之魂、国家发展之根。创新创业教育包括创新创业意识、知识、能力和品质等教育。开展创新创业教育，培养大学生的创新意识、创新精神和创业能力，是创新型国家建设的需要，是时代、经济和社会发展的需要，是高等院校教育改革的需要，是提高大学生持续发展能力和社会适应能力的需要。

一、构建创新创业教育平台

（一）搭建高校创新创业教育实战平台

鉴于一些高校创新创业教育重视理论教学、轻视实践训练，创新创业实战平台不完备，高校应整合校内、外优势资源，建立协同发展、协同育人的创新创业实践体系，搭建创新创业基础平台、实训平台和孵化平台等，适时成立创新创业学院。

加强基础平台建设，加大资金投入力度，增加基础训练项目，依托学校高校创新创业基地、二级学院实验室、大学生创新工作室和校企合作平台，在专业教师的指导下开展创新创业活动，积极组织和鼓励学生参加国内外各级各类大学生科技竞赛、职业技能竞赛和创新创业竞赛，以赛促教、以赛促学、以赛促训。搭建创新创业实战平台，依托学校“创客空间”进行创客训练，参与创客项目，提升高校创新创业能力；推进创新创业成果孵化，依托大学科技园、成果转移中心，学生注册公司，进行实战营销和实体运营，建立校企、校校以及校地合作的孵化模式。通过开展高校创新创业活动，充分挖掘大学生潜能，提升高校创新创业能力。

（二）高校创新创业教育课程体系建设

目前高等院校主要采取课外创新学分法鼓励学生创新创业，学生通过考取相关证书、参加科技竞赛等获取创新创业学分。但由于创新创业课开设少、课程覆盖面不广、课程教学质量差、实践性不强，创新创业教育课程不成体系，未能取得实质性成效。

高等院校应该及时修订人才培养方案，将创新创业基础课、拓展课和实践课融入人才培养全过程。创新创业课程要突出有效性、前瞻性和系统性，要以需求为导向，实现课上和课下、线上和线下、理论与实践相结合，以获取更好的教学成效；要做好创新创业教育基础课、拓展课和实践课等模块化设计，及时将行业动态和发展最新成果融入课堂教学。创新创业基础教育要面向学校全体学生，开设必修课和选修课，使学生掌握创新创业的基本知识和途径，培养学生具备创新创业的基本素质。创新创业拓展课实施阶段，应结合专业，面向对创业浓厚兴趣的学生开设选修课，将创新创业理论与实践相结合，开展创新创业实战活动；创新创业实践课实施阶段，要面向创新创业能力强的学生开设创新创业实践课，进行个性化培育。人才培养方案应将学生参与创新创业活动和取得的成果计入综合教育学分。

（三）创新创业教育的师资队伍建设

目前高等院校创新创业专任教师教学经验较少、数量不足，创新创业意识也较为薄弱，很难组建创新创业教学团队；专任教师创新创业理论基础不扎实，缺少实践经验，教学过程中缺少鲜明的案例，倾向于宏观理论说教，难以激发学生创新创业热情。

培育创新创业教育专职教师队伍。由具备扎实的创新创业理论基础、创新创业实践经验、高度的责任心和热情的教师组建高校创新创业团队，学院加大团队建设投入力度，安排专职教师参加各类创新创业师资培训，提高教师的创新创业指导能力；安排创新创业指导教师到国内大型知名企业挂职实践，认真参与企业生产活动，积累创新创业实践经验。

培育创新创业教育兼职教师队伍。创新创业教育涉及管理学、经济学、法律学、心理学、伦理学等多个学科，社会兼职教师参与通识类课程教学，对大学生进行个性化指导；聘请创业成功人士、知名企业家、行业企业高管和技术人员担任学校高校创新创业教育兼职教师，介绍经典案例、企业文化、企业资金管理模式以及如何规避创新创业风险等。

（四）构建高校创新创业教育质量保障体系

部分高校建立的大学科技园、高校创新创业基地、众创空间和创业孵化基地等缺少基本设施，在政策、公司注册管理、成果交易、技术培训和法律咨询等方面服务不到位，学校、企业和政府之间权责不清，高校、企业和政府尚未形成协同育人机制，亟须构建高校创新创业教育质量保障体系。

以技术创新和研发为目标，搭建创业平台；以需求为导向，培育创新创业项目，建立高校、企业和政府之间能够良性互动的创新创业教育体系。

搭建创新创业教育服务平台，完善创新创业服务体系，为高校创新创业提供技术咨询、项目申报、企业注册、资源对接、法律咨询、活动交流和政企协调等服务，激发大学生创业热情，实现大学生科技竞赛成果、创新创业训练项目和研发成果与社会投资对接。政府对创业孵化基地进行奖励，引导社会资金投入，对于大学生初创企业给予一定的补贴等，创造条件促进高校创新创业成果能有效转化。

建立创新创业教育激励机制。对高校创新创业项目的前期调研和可行性分析，对有市场前景、能产生社会效益的项目提供支持；对指导教师和项目组成员给予一定奖励。

二、高校创新创业教育成效分析

学校合理规划和搭建校内实践教学平台和校外实训基地，开展工作室制教学模式，为学生创新创业训练提供必要的仪器设备和训练场所。多年来，黑龙江工程学院汽车学院以创新工作室的形式培育了睿龙科技创新团队、晨风科技创新团队、TRIZ 创新团队、博伟赛车团队、逆向工程创新团队等，师生申报学校产业园项目 4 项，已部分正常运行，为孕育和孵化企业进行了很好的铺垫；学生申报并获批的高校创新创业训练计划项目 100 余项，在校大学生进行了多项创业尝试。大学生创新团队在专业教师的指导下，依托学校高校创新创业基地、学校产业园、学院实验室、学院大学生创新工作室等实战平台，以及高校创新创业训练项目、实验室建设项目、教师科研项目等开展创新创业实战活动，其创作作品参加全国大学生“恩智浦”杯智能车竞赛、全国 TRIZ 杯大学生创新方法大赛、中国本田节能汽车大赛、黑龙江省航空航天航海车辆模型科技实践锦标赛、黑龙江省模型系列赛车模型比赛、全国大学生数学建模竞赛等，获国家级奖 10 余项、省级奖 50 余项。艺术学院的漆画工作室，其研发创作团队创作的作品参加全国各级各类作品展，获奖 60 余项，部分获奖作品被省级或国家级美术馆收藏。由于成绩突出，黑龙江美术家协会将“黑龙江省漆画基地”设在黑龙江工程学院。漆画工作室坚持为教学服务，走产学研协同发展之路，师生漆画作品被美术界和收藏界广泛关注。动漫工作室师生作品参加国际设计美术大奖赛获奖20余项，参加海峡两岸大学生创意设计作品大赛获奖90余项。指导教师参加创新创业教育，到企业挂职锻炼、到国内名校做访问学者、到国内名校学习培训等，加强高校创新创业团队导师队伍建设；通过举办讲座、论坛，学生参加各级各类学科竞赛，进行创新创业经验交流、成果展示，营造良好的创新创业氛围。

完善创新创业训练模式，充分利用企业资源，创新创业型项目驱动，形成良好的工作学习环境，加强创新创业训练导师队伍建设。建立创新创业教育质量保障、信息反馈与激励机制，将高校创新创业教育纳入本科教学考核体系。通过政府支持、企业支持和学校自身改革，政府、企业和高校联动构建大学生创业服务体系。创新创业教育是新形势下教学改革的积极尝试，需要不断探索与实践加以完善优化。

第二节　PDCA 循环法在创新创业教育管理中的应用

国家经济建设与社会发展需要高素质人才，高等教育担负着培养高素质人才的重大任务。创新创业教育能够培养具有创新精神和实践能力的高素质人才。科学有效的创新创业管理是保证教育目标实现的关键。PDCA 循环法具有持续性、循环性和完整性的特点，是科学管理的有效方法。高校创新创业管理应用 PDCA 循环法，能够解决创新创业教育过程中存在的创新创业教育与专业课程教育融合度低、专业化不够和管理机制不完善的问题；高校创新创业过程中，应用 PDCA 循环法也可以进行有效的自我管理。

一、PDCA 循环法的内涵和特点

（一）PDCA 循环法的内涵

PDCA 是管理学中通用的模型，是休哈特最早在1930年提出来的，后来由美国著名的质量管理专家戴明博士在1954年，根据信息反馈原理提出的，所以又称其为“戴明环”，这是全面质量管理应该遵循的科学程序。PDCA 是英语单词 Plan（计划）、Do（执行）、Check（检查）和 Act（纠正）的第一个字母；其中“计划”指方针、目标及活动计划的制定，“执行”指具体的运作，“检查”指明确效果并找出问题，“分析”指对总结的成果进行分析，正确的加以肯定并将其标准化，制定指导书，错误的放入下一个环节。PDCA 循环就是按照这样的顺序进行质量管理，并且循环不止地进行下

去的科学程序，是科学管理的一个方法。

（二）PDCA 循环法的特点

1. 持续性

管理通过循环持续运转，每循环一周质量提高一步，每次循环都会使思想方法和工作步骤细化，问题才能不断地解决，管理质量才会持续提高。

2. 循环性

大环套小环，小环保大环，环环相扣，彼此促进。整个管理循环是一个大循环，各执行部门则是大循环中的每个小循环。小循环以大循环为整体，是大循环的有机分解和重要保证。

3. 完整性

管理循环是一个整体，每一个循环中的每一个阶段都处于同等重要的地位。每一个阶段的工作都是下一阶段的开始，互相促进，持续改进，最终可持续性发展。

二、高校创新创业教育管理存在的问题

（一）创新创业教育与专业课程教育融合度低

目前很多高校都开设了“大学生职业生涯规划”“职业岗位群导论”“创新创业基础”和“创业管理”等创新创业课程，大学生们可以学习到创新创业需要哪些条件，相关政策和法律法规，引导有创新创业想法的学生在大学期间合理规划，为创新创业实践提前准备。但高校创新创业教育内容不能只局限于教科书上的理论知识，要和实践操作相结合，侧重于大学生的体验，来培养大学生的创新创业意识，要将创新创业教育融入大学生素质教育中，努力营造“头脑思创新，动手能创造”的良好教育氛围。高校开设的创新创业课程和专业教育课程融合不够，如果创新创业课程和专业课程独立进行，必会脱离开设课程的最终目标。

（二）创新创业教育专业化不够

创新创业是一个复杂的群体活动过程，涉及很多方面。作为创新创业的教育管理者，素质能力的高低，管理体制健全与否，关系到创新创业教育活动实施的成败。一些高校的创新创业教育由行政职能管理部门来负责，大多数教师对创新创业教育不够重视，没有经过专门的创新创业培训，缺乏创新创业意识，很难激发大学生的创新创业热情。

（三）创新创业教育管理机制不完善

大学生是国家建设的主力军，高校应该把培养大学生的创新创业能力作为教学改

革的主要内容和人才培养的方向，来培养“专业＋创新＋创业”的新职业复合型专业人才。高校虽然设立了创新创业教育管理机构，但在教育过程实施中，管理机构和教育者缺少沟通，对创新创业教育政策和法规理解有偏差，因此创新创业教育效果不理想，那么加强高校创新创业教育指导管理与监督评价是教育管理的重点工作。

三、PDCA 循环法在高校创新创业管理中的应用

高校创新创业教育是一个全面的、系统的过程。高校创新创业根据培养目标，来实施教育方案，监督并反馈创新创业教育效果，并进行改进，只有不断的“循环”，提炼经验，解决难点，形成教育的 PDCA 循环，才能提高教育的实效性。PDCA 循环，可以使思想方法和工作步骤更加条理化、系统化、科学化。PDCA 循环可以有效地应用到高校创新创业管理中，也可以应用到大学生自我管理的每个细节中。

（一）高校创新创业管理

1. 策划创新创业教育管理方案

高校应适应经济建设与社会发展战略需要，全面贯彻落实《教育部关于全面提高高等教育质量的若干意见》，改革教育管理方式和手段，明确人才培养目标。高等教育是要培养高素质的人才，创新创业培养的重点是培养大学生掌握创新方法的运用，它不是简单的思维上的思考过程；这需要通过有效适用的方法为大学生提供训练提升的教育和培训，使大学生能够了解方法、掌握方法、运用方法从而解决问题、促进就业，实现创新创业。二者的人才培养目标是一致的。学科之间都是彼此联系的，如果每门课程都是孤立的，大学生就会只见树木不见森林，所以要把创新创业教育与专业课程教育深度融合，让大学生将学到的专业理论知识，到创新创业实践中去检验和探索，从而调动大学生学习的主动性，强化高校创新创业精神，锻炼和提升大学生创新思维与创业技能。

2. 培训和选拔创新创业教育管理教师

创新创业教师应该热爱创新创业教育，才能够激发大学生的求知欲，提升其判断力，锻炼其对复杂环境的掌控力，使大学生能够运用理论知识对特殊事例做出预见。高校应加强创新创业教师的教学能力建设，选拔有能力的教师来担任创新创业教育工作，定期组织培训、访学及进修，鼓励创新创业教育教师到行业企业挂职锻炼。高校要定期对创新创业教师进行考核，不仅考核其专业知识是否达到标准，同时也要考察其对专业知识的运用能力；对考核不合格的教师要进行有针对性的培训，对于无法提高自身素质的教师要将其调离创新创业教师岗位。

3. 实施和监督创新创业教育

教育管理部门下发人才培养方案后，各教学部门要实施，创新创业教育实施了一个阶段之后，要对照人才培养计划和培养目标，定期检查并监督实施效果，及时发现问题。定期检查和监督非常重要，能够确保教育工作是否按照计划进度实施，各部门要及时相互沟通，反馈教育过程中出现的问题。教育管理部门对教学单位具有监督管理的权利，如果教学单位在执行过程中出现偏差，要及时指导并纠正。在严格按照计划实施教学时，没有出现预期的结果，则意味着教育具体方案失败，那就要重新进行最佳方案的确定。

4. 改进创新创业教育管理机制

创新创业教育要根据不同类型的创业者，满足其的需求。开展创新创业教育管理评价，是创新创业教育管理的基础工作，评价能够为创新创业教育管理提供决策参考和客观支撑。

根据监督检查的结果，采取相应的措施，来修正改进培养计划和目标，制订新的培养计划和目标。针对不同创业者的需求，和创新创业教育管理的反馈与评价，制定相应的整改措施，能够建立健全创新创业教育管理制度。

（二）大学生自我管理

1. 创新创业项目设计阶段

高校创新创业，首先就要考虑把精力和资源放在哪一个领域，什么样的项目能够很快取得成果，以及项目的创新点。项目设计是创新创业项目的前期准备工作，也是非常关键的；项目有创新点，项目的最终成果才能够转入到创业的环节。开展创新创业项目之前，一定要认真准备，写好计划书，项目计划书是不可缺少的，没有项目计划书的创新创业就是蛮干，容易以失败而告终。创新创业项目开始执行前，指导教师会指导项目组所有成员进行项目设计。一般情况下，是由项目负责人提出一个初步的项目方案；所有项目组成员在一起讨论项目是否可行；指导老师听取所有项目组成员的意见，并提出自己的见解；最后确定一个最优方案。

在项目计划书确定的过程中可以不断发现问题，不断进行相关方案的补充，从而更好地完善项目计划书。创新创业项目是否能够顺利进行，都要有一个严格的论证，要查阅大量的文献，并搜集相关的数据进行分析。

2. 创新创业项目的执行阶段

项目计划书确定以后，项目就可以运行了。项目运行过程中要解决资源与团队的问题，团队每个成员分工，每天投入多少时间，多少天为一个时间节点，来解决哪些问题，这些都要进行深思熟虑。项目的执行阶段也是一个 PDCA 循环。一般情况下，指导教师会布置本阶段的任务，让项目组全体成员清楚工作目标，然后做好详细的工作计划与进度；全体成员各司其职，按照计划执行，定期开会交流心得，解决问题；在规定的时间节点，任务是否完成，如果完成进入下一个阶段，如果没有完成，则进入下一个 PDCA 循环。

3. 创新创业项目的检查和处理阶段

创新创业项目完成后，要进行检查，并向指导教师进行最终汇报检查。若发现问题，指导教师会提出整改意见，项目组成员实施。整改完成后，指导教师指导项目组成员进行论文撰写或者报告总结，将创新创业过程进行简单论述，交流自己的心得体会，从而提升创新创业能力和认知。

PDCA 循环看似比较简单，但用起来却没有那么容易。PDCA 循环的每一步都非常关键，不可缺少。在高校创新创业过程中，首先要写好项目计划书，然后按照计划书来具体执行，但由于项目组成员可能专业、年级、学校都不一样，成员间的素质和能力则不尽相同，当执行人员没有充分了解项目目标和用途时，执行力越强则离目标的偏差越大；再加上每个成员都有惰性，大家都愿意做指导教师检查的工作，对于指导教师不检查的工作，质量完成度不高。此时，检查则尤为重要，检查可以让问题在刚发生时，就及时发现，然后可以采取措施及时纠正，提高工作效率。因此，PDCA 循环促进了大学生的日常行为管理，工作计划安排和创新思维习惯的养成。

第三节　TRIZ 理论在高校创新创业教育中的应用

对 TRIZ 理论与创新创业进行了概述，从学校和学生两个方面分析了高校创新创业中存在的问题；从建设课程体系、建立科学合理的教学评价体系、师资队伍建设、营造创新创业氛围、促进校企深度合作五个方面提出了 TRIZ 理论创新思维在高校创新创业中的推行策略，从而提高创新创业教学的质量。

随着高等院校的扩招，越来越多的毕业生涌入求职的浪潮中，给社会带来了巨大的就业压力。就业的形势已经越来越严峻。根据学校的发展情况，给予一定的鼓励政策，利用 TRIZ 理论对创业创新活动进行改革，是当前高校面临的最重要的问题。

一、TRIZ 理论与创新创业概述

1946 苏联发明家根里奇·阿奇舒勒 (G.S.Altshuller) 创立了 TRIZ(Teoriya Resheniya Izobreatatelskikh Zadatch)，即发明问题解决理论。该理论将要解决的问题抽象化，并

利用 TRIZ 工具找到解决模型，进而转化为解决方案。我国 TRIZ 理论教育的主要阵地是高校，TRIZ 理论为高校创新创业能力培养提供了创新理论，也对创新创业教育的开展提供了思维方法。我国创新创业教育受到很多条件制约，使得创新创业活动缺少良好的发展环境，学校对学生的创新活动支持的力度也比较小。鼓励学生创新创业，通过实践提高学生的创新创业素质，使学生积累创业经验，促进创新创业事业的发展，对社会经济的发展起到推动作用。

各大院校均积极跟随国家的有关政策，结合学校的实际情况开展创新创业教育的相关课程，但同时很多院校开展创新创业教育的形式多为选修课，使得我国高校创新创业能力培养大部分局限于学校之中，无法从深层次理解创业活动的内涵。院校的创新创业体系尚在摸索阶段，很多学校将创新和创业割裂开来，创新创业课程体系不够完善。这就导致新技术、新成就难以反映到实验教学中去。校园对于创业人才的鼓励程度不够，使得创业活动处在艰难的环境中，这也成为学生创新创业教育的主要限制。当前的一些院校没有在学校整体教学规划中加入创新创业课程，将创新创业课程与其他学科结合教学，学科定位模糊。即使有开设创新创业课程，也是将教学的重点停留在理论部分，学生很难对知识和技能融会贯通，没有实践因素，教学内容凌乱、分散，缺乏各行业针对性的讲解，学生参加工作后，学校教育所学知识很难与实际工作相衔接。

学生受到传统观念的影响，对于创新创业教育的理解不够。“学而优则仕”这样落后的想法使得学生对于创新创业的意识较低，学生只注重书本知识的学习，教育，将书本上的知识作为学习中的重点，课程内容缺乏系统性，在实际操作方面的培养存在缺失，导致学生创新创业激情不高。学生很少的能够进行相应的实践，并不能将学到的知识很好的应用在实际中。目前学生创新创业教育的实践涉及的层面很少，大部分实践活动都流于形式。同时学生缺少一定的抗挫折能力，并不能很好地将所学专业与创新创业教育相结合，在创新创业过程中受到很大阻力。学生在创新创业实践过程中，缺少创新实践能力，没有掌握实践方法，在一定程度影响了创业的激情。

二、TRIZ 理论创新思维在高校创新创业教育中的应用策略

建设课程体系。院校的创新创业教育面临着众多的问题，影响创新创业教育开展的因素也有很多。首先学校内的创新创业教育课程没有完整的课程体系，只注重教学形式，忽略了教学的本质，而这样的教育形式极大地阻碍了创新创业的发展。创新创业教育是融合了多种学科的综合性课程，我国创新创业活动是近年来才兴起的，发展的时间较晚，缺乏比较深入的研究理论成果。重新调整优化课程体系，建立科学的课

程体系，有利于对学生进行创新创业的教育，同时要有完善的法律法规政策对学校的创新创业教育进行法律保证，此外，在学校教学管理方面，可设置一些创新创业教育相关的选修课，例如 TRIZ 理论课、创新思维课等，要配有详细的教学计划。

建立科学合理的教学评价体系。创新创业教育能够培养学生的综合创业素质，但是我国很多学校都没有形成完整的教育模式，使得创新创业教育的体系不完善。很多院校忽略了创新创业教育的评价体系的构建，以至于无法对学生的学习情况进行实时的监督。创新创业活动有着较高的实践性，当前在社会认同和接受程度都很低的大背景下，建立科学合理的教学评价体系，能够使教育模式更加成熟。对学生学习状况的评价是激励学生学习成绩的有效措施。当前新创业教育评价模式的缺失，使得创新创业教育的发展缓慢，学生的创业素质得不到有效的提高。因此在完善创新创业教学体系的过程中，要着重进行评价体系的完善。

加强师资队伍建设。建立专业有效的师资力量，加强教师对外进修和培训机会，使教师能够对学生进行有针对性的辅导，尤其是对有创新创业意向的学生进行额外的辅导。在学生进行创新创业的过程中，教师的指导对学生会起到重要的作用。教师的教学水平直接影响了学生的创新创业素质。因此，在加强创新创业教育的同时，也要加强创新创业指导教师队伍的建设积极创造条件，进行专业师资培训。教师需要能够为学生新选择合适的讲课内容，创新创业教育的讲课内容需要与时俱进，跟随时代的潮流，所以在更新教学理念和教学方法的同时，也要同步加强教师素质的提升，培养和选拔专业带头人。也可以适当的邀请专利发明者、知名企业产品研发人员进行讲座或宣讲，让学生了解创业的规律和技巧等。

营造创新创业氛围。想要更好地促进学生的创新创业活动，需要在社会和校园中，营造浓厚的创新创业氛围。共同营造职场氛围，实现创新创业文化与企业文化相融合。从对少数有创新创业意愿的学生开展创新创业教育，直到将创新创业教育推动到全体学生。要大力支持和鼓励、理解学生创新创业，并给予相关政策支持，挖掘学生的创造力。十八届三中全会对就院校转型发展中创新创业问题特别做出了说明，提出了“要建立促进创业的新机制”。全面应用和推广 TRIZ 理论，调整优化专业人才培养方案。使学生获得创新创业的认知，推动社会经济的加速变革。将创新意识和创业素质作为培养学生的主要内容，树立正面典型，激发学生创新创业意识。改革人才评价标准，对敢于创新创业的学生进行表彰，最终形成浓厚的创新创业氛围。深化院校内涵建设，着力培养创新创业人才。

促进校企深度合作。《国家中长期教育发展规划纲要》对校企深度合作做出了政策界定和引导。很多院校在实施创新创业教育过程中，提出了校企合作共创创业教育的新理念，逐渐探索出将创业教育与专业教育结合的途径，并根据学生的专业情况建立了校企合作的实体创业学院。校企联合指的是学校与企业有着合作平台，共同建立真实或者模拟的生产工作环境。企业作为生产力的载体，在应用 TRIZ 理论培养创新创业人才时，必须回归企业。要着重培养学生的实践能力，提高大学生的创新意识和创业能力。通过积极地寻求与政府等机构的合作，建立校外创新创业实训基地，为学生分配创新创业实训项目，从而让学生在实训中获得工作能力的提升。拓宽大学生就业渠道，缓解就业压力。在创新创业教育改革的中校企合作是一个全新的视角和方向，最终推动经济的发展，实现社会主义市场经济的转型升级。所以，实施创新创业技能人才培养模式，能够为学校和企业都带来利益，使得校企合作真正体现出实效性，从而促进学校和企业的深度合作。

随着经济的不断发展，我国经济已经步入了中速稳定增长的新常态。经济结构也随之发生一些变化，国家对大学生创业的态度逐渐转为支持，但受到多种主观或客观因素的影响，高校创新创业还是暴露出一系列的问题。通过建设课程体系、建立科学合理的教学评价体系、师资队伍建设、营造创新创业氛围、促进校企深度合作才能有效地将 TRIZ 理论创新思维应用在高校创新创业中，从而逐渐解决就业难等社会问题。

第四节　大学生项目参与式创新创业教育模式的应用

当前大学生的就业压力越来越大。高校毕业生存在着就业能力方面的不足，集中体现在就业观念落后、心态不端以及求职能力匮乏等方面。为解决这方面的问题，就需要以创新创业教育来改进大学生的就业能力。文章简要介绍项目式创新创业教育的特点，并在此基础上重点探讨大学生项目参与式创新创业教育模式的应用。

参与式教学法属于国际上比较流星的一种强调教学培训的方法，是由英国的社会学家总结发展起来，并且在教育领域应用日益广泛。参与式教学的过程当中，学生往往受教学目标的明确指导，在宽容的环境当中，应用合理方法来创造性融入各个教学环节，充分发挥创新意识并且提高自身的能力。

一、参与式创新创业教育的特点

参与式教学有着全面性的特点。传统的教学方法片面强调教学效果，忽视教学环节当中学生是否投入以及学习意愿是否得到激发。在这一背景下，学生往往被动接受知识，难以实现人才培养的目的。参与式教学强调合作学习以及探究学习等师生互动的内容，有利于激发学生的学习动力，让学生可以真真参与到各项教学活动当中，在知识、心理以及能力等方面的培养当中实现自身水平的全面改进。

参与式教学有着主体性的特点。传统课堂教学主要强调教师的教，但是忽视学生学习的过程，从而给教学效果带来不良影响。参与式教学高度重视素质教育，强调学生的主体地位，教师主要发挥引导作用，从而在和谐的互动当中有效实施教学计划。

参与式教学有着合作性的特点。通常情况下，参与式教学强调合作模式，借助于小组活动来实现信息沟通与交流。学生在合作的过程当中一方面可以得到更多知识从而拓展自身的视野，另一方面能够深切体会到合作以及竞争的价值，为日后踏入社会做准备。

参与式教学有着开放性的特点。参与式教学引导学生们去主动拓展思路，发挥他们的创新意识，并且积极深入教学活动的各个环节。因此无论教学环境的布置还是教学内容的设计，教师都需要遵循开放性的原则。只有这样才能够培养他们的发散思维，健全他们的知识结构。

二、参与式创新创业教育面临的问题

大学生综合素质水平不一。当前参与式创新创业教育面临各种问题的首要原因是大学生综合素质水平不一，专业水平及综合能力等方面无法满足创业的基本要求。大学生现今所接受的应试教育与就业所需较高综合素质之间的矛盾越来越明显，大学生只掌握理论知识，缺少实践经验，无法真正将所学知识应用到创业中，造成最终失败。

合理的水肥管理是保证玉米产量的重要因素。在滴灌高产栽培技术中，关键是将玉米施肥控制与灌溉技术相结合，达到高产效果。玉米的生长受水肥影响较大，但并不意味着盲目灌溉有利于玉米的生长。科学实施灌溉，把握玉米生长的临界水期和最大需水期，严格控制。除基本肥料外，玉米一般要加 2~3 倍肥料，在大喇叭期和灌浆期要注意施肥，另外在雌雄花分化中可以施肥，防止土壤缺失。对玉米产量和品质的影响。

大学生参与式创新创业教育中缺乏创业方向引导，实践性较差，创业是一项艰巨并且严谨的工作，应该在各个方面制定科学合理的计划及方案，一旦缺少正确的创业引导，就会导致创业失败。在大学生实际创业过程中，因缺少这种正确的方向引导而失败的例子也应该引起相关部门的重视，综合分析并借鉴这些例子，减少后续工作中出现类似问题。

大学生社会经验不足。由于大学生自身人脉及社会阅历较少，无法全面、理智分析当前局势，大学生创业是一种全面素质的综合考验，对于刚刚走出校园欠缺经验及眼光的大学生而言，社会事务处理能力不足，应试教育使大学生多注重课本内容，缺少实践能力，社会经验欠缺，创业中遇到问题无法找到全面合理的解决方法。

缺少资金及政策扶持。大学生创业需要大量资金支持，资金不足导致大学生创业过程困难重重，刚刚走出校门的大学生并没有雄厚的资金作为创业基础，导致许多有想法的大学生创业之路起步艰难。

三、大学生项目参与式创新创业教育模式的应用

激发学生创业热情。项目参与式教学同传统的教学模式有着很大的区别，主要通过实践式、讨论式以及竞赛式等不同的模式来进行教学，创设活泼轻松的课堂气氛，来实现理论以及实践之间的完美融合。在大学生的创新创业教育过程当中，应用参与式的教学策略，能够有效激发他们创业的热情，在聆听以及反思的过程当中，得到心灵感悟。例如，教师应当在教学开展的过程当中可以考虑进行商业计划书方面的竞赛，让学生在分享的同时引发共鸣。学生在聆听以及演讲的过程当中往往会受益匪浅，在对未来的展望当中坚定创业信念，借助于汲取知识以及改进能力，为创业梦想的实现做好准备。

营造生动课堂环境。为了可以凸显高校创新创业教育应有的实践性特色，教师需要积极应用项目参与式教学方法，营造生动的课堂环境，彻底改变教师灌输以及学生接受的教学模式。项日参与式教学能够转变课堂为中心的教学现状，更加注重实践知识，鼓励学生走出课堂，从而在实践过程当中发现知识以及掌握新知。比如教师在教学环节应当组织学生去采访创业成功的人员，通过分析创业成本、创业背景、创业规划还有企业特征等，让他们清楚意识创业的过程，主动发现创业的商机。这样一来就能够丰富课堂形式，可以充分调动他们的学习热情，在求知欲以及好奇心的驱动下持续改进理论认知水平，为日后创业的实践奠定良好的基础。

综上所述，参与式教学法是协作教学的一种，在大学生的创新创业教育应用过程当中，能够有效强化教师以及学生之间的交流，在持续获得信息反馈的过程当中不断改进学生对创业教育知识的体会，从而不断提高他们的创业能力。

第五节　激励机制在高校创新创业教育中的应用

新的发展时期，大学生是我国创新创业发展的重要群体，在高校创新创业教育发展中，激励机制作为重要的工作方法，能有效提升学生的创新创业素养，提升学生的

创业能力，从而为学生创造更为广阔的发展空间，在此背景下，要积极采取有效措施，多方面培养学生的创新和创业能力。分析了高校创新创业教育激励机制的原则，并针对当前发展中的问题，探讨了激励机制在高校创新创业教育中的应用。

创新创业是一种新的教育理念，主要是将教育发展、教育研究和商业训练等结合，培养学生的创新创业意识，最终促进教育的创新发展和人才质量的提升。大众创业、万众创新是新时期我国高等学校创新创业教育改革发展的新动力。创新创业教育是培养大学生创新精神的重要途径，大学生掌握着丰富的理论知识，同时拥有良好的教育资源，肩负着全民创新发展的重任。作为创新创业发展的重要群体，大学生备受社会的关注，因此，作为高校和学生来讲，要充分把握住当前的政策和市场环境，了解创新创业教育的发展市场，积极为学生创建良好的就业环境，构建大学生激励机制，并发挥激励机制的作用，推动学生创新能力和创业能力的提升。

一、高校创新创业教育激励机制的应用原则探讨

（一）激励机制的对象应该是全体大学生

激励机制开展的目的，主要是增强学生创新和创业学习的能力，从而提高高校教育教学改革发展的质量，这就要求激励机制必须面向全体大学生，让师生能从中得到提升和发展，在具体的实施中，要结合教育发展的理念，重视创新创业实践中学生的主体地位，增强学生的参与度。因此，创新创业教育不能单单理解为是针对精英学生展开的，需要同等对待所有的大学生，为所有学生创造良好的发展平台，只要学生对创业发展有兴趣，学校都要进行支持，鼓励学生大胆尝试。

（二）遵循大学生专业教育应用的激励机制

高校创新创业激励机制的应用，需要结合高校的实际发展和学生的实际情况，这里需要考虑的是学生的专业、学习的环境及个性特点等。创业创新发展与学生的专业知识学习有很大的联系，其开展也需要立足学生的专业应用来设置相应的教学方法，因此需要高校教师加深学生对专业的认识，以专业为基础，结合实际情况开展对教育教学活动的研究，从而找出其中的问题，积极拓展新的领域，帮助学生找到适合自己的创业创新发展道路。

当前大学生创业活动比较普遍，只有具有独特性的创业活动才能占领市场并取得成功，因此，教师需要重视创新型原则，鼓励学生结合专业知识，激发学生的创业热情，针对学生的实际创业行为进行有效的指导，并协助学生对其创业项目进行考察，给出建设性的意见和建议。

二、当前高校创新创业激励机制问题分析

（一）创新创业意识不足

当前，面对激烈的市场竞争压力，很多大学生的就业观仍然是以找到稳定的工作为主，很多学生忽视了创新创业教育的重要性，再加上家庭、社会、自身观念等多方面因素的影响，影响到学生的创新创业意识，导致创业的主观意识不足。

（二）创新创业活动的技术含量较低，成功率低

根据调查显示，当前很多大学生的创业活动都是家教、零售等一些技术含量比较低的行业，而像软件等高新技术行业的创业率较低。此外，高校中参与过创新创业活动的大学生只占一小部分，忽视了将创新创业发展上升到长远的培养方案，导致很多创新创业成果转化率较低。

（三）高校创新创业教育管理工作缺乏深入

调查分析，我国很多高校的创新创业教育工作都只是停留在表面，在政策的响应下进行的表面探究没有专门的部门进行就业指导，也没有专门的创新创业教育研究部门，对该项工作的参与度和重视度不够，最终导致创新教育与学生的专业课程教学实践的联系比较少，无法推动创新创业教育的持续发展。此外，很多创新创业教育的发展没有与经济发展结合，不论是内容还是形式上都比较零散，难以推动学生专业能力的提升。

分析当前出现这些现象的原因，　方面是因为从当前的发展来看，高校缺乏创业教育的理念，对创新创业教育缺乏深入的认识；另一方面，学校创新创业教育的氛围不足，受传统教育观念的影响，从整个社会发展环境及高校的发展环境来看，对高校创新创业的认识缺乏足够的认可。此外，缺乏完整的创新创业教育体系，不论是课程体系的建设还是专业教育的发展，都缺乏完善的教育体系的构建，无法满足新时期学生创业的需要，如从资金支持、师资力量等方面，都无法为创业者提供足够的支持。在这种环境下，缺少了创新创业激励机制的支撑，影响到学校创新创业教育活动的开展，因此，高校必须重视结合实际发展，重视建立完善的激励机制。

三、高校创新创业激励机制构建的对策探讨

大众创业，万众创新的形势下，高校也要重视激励机制的重要作用，积极构建激励机制，为学生的创新创业发展提供重要的资源。也就是要运用奖惩结合的方式，因材施教，将实践教育与学生创新精神的培养相结合。

（一）为高校创新创业提供充足的援助基金

创新创业基金是重要的激励机制，奖学金的设置也是为了推动创新创业工作的开展，因此必须保证平等发放奖学金。奖学金的评判标准，除了考虑大学生的课程成绩，还要看重学生的创新创业成果，要从多个方面综合评价学生的能力，如果一个学生的成绩不太理想，但是创新创业方面取得的成绩不错，也应当给予学生奖学金进行鼓励，作为其在创新创业方面取得成绩的奖励。目前国家重视教育方面的投入，国家奖学金的数额比较大，很多高校主要是根据学生的成绩和家庭条件进行判定，这种方式主要考虑的是优先照顾贫困生，但是也要考虑到创新创业能力比较强的学生，因此，要不断建立完善的奖学金发放制度，还可以与企业进行合作，引入企业奖学金，更好地利用社会资源帮助学生开展创新创业活动，不断完善激励机制。

（二）完善高校创新创业实践锻炼的激励机制

激励机制的设定，除了奖学金之外，还应该根据实际情况，制定有利于高校创新创业实践锻炼的激励机制，激发学生参与创新活动的兴趣。因此，需要重视理论与实践的结合，更好地推动教学质量的提升。要做好这一工作，其前提是要重视创新创业实践积累，鼓励学生在实习或者实训中积累经验，不断完善管理实践课程。具体的实训过程中，可以采用分组学习的方式，将学生分为多个小组，每个小组提出自身的想法，为创业活动做好准备工作，并进行企业的模拟发展和运行，让学生做好资金的规划，并对具体的创业项目进行科学的分析，了解其可行性，从而更好地创建良好的创新创业工作环境。

（三）加强做好创新创业教育宣传工作

高校教育教学实践中，需要将创业和创新发展作为重要的方面。新的发展时期，可以借助现代信息技术和新媒体宣传手段开展创新创业宣传工作，可以借助校园广播、网络平台等宣传国家对大学生创业的优惠政策，宣传社会和经济发展的现状；也可以对一些典型的创业成功故事等进行报道，使大学生的创新创业工作成为学生的共识，为创新创业教育的开展创建良好的环境。

四、激励机制在高校创新创业教育中的应用效能分析

我国近些年来激励机制的建设与实施，大学生在近些年的创新创业教育中也取得了一定成效。

（一）以训促学，推动校园创业的热潮

近些年，在很多高校的大力支持下，很多学校也积极开设创业班，培养出了很多

优秀的人才，创业班根据学生的兴趣，通过自我报名或者是测试选拔等，通过体能训练、素质拓展等，让学生系统化地掌握创业的基本知识，让学生加强对创业的了解，并通过体验创业、模拟创业等，引导学生到企业中参观考察，不断激发学生的创业热情。创业班的出现也取得了一定的成就，得到了一定程度的推广。

（二）以赛促学等创业大赛的推进

当前社会和企业、学校也积极响应国家政策，举行了多种类型的大学生项目大赛，很多学校也认识到了以赛促学、以赛促教的重要性，鼓励大学生积极参与各类创新创业竞赛，通过比赛找到自身知识的缺陷，还有很多学生在大赛中培养出对创新创业的兴趣。

（三）校企合作推进发展初见成效

目前，高校积极加强与企业联合办学，推动高校创新创业教育，在政府、企业和高校的带动下发挥各自的作用，重视学生的主体地位，引导学生培养自己的创新精神和创业意识。在校企合作办学模式下，一定程度上提升了学生的实践能力，促进了创新创业活动的进步。

综上所述，新的发展时期，在大众创业，万众创新的形势下，高校也要重视激励机制的作用，认识到在高校创新创业活动中激励机制建设的意义。目前激励机制在高校创新创业的发展应用中取得了一定的成绩，但是也存在一些问题。未来的发展中，高校要革新理念，加强对创新创业的认识，加大宣传的力度，营造浓厚的氛围，普及创新创业精神，发挥激励机制在高校创新创业发展中的作用。

第六节　“微媒体”的创新创业课程教学模式与应用

掌握基于“微媒体”的高校创新创业课程规律是思想政治教育的一项重要内容。通过把握特征，拓展创新创业课程教育内涵；着眼未来，创新基于“微媒体”的高校创新创业课程内容与载体；完善机制，构建新的教育教学模式；提升功能，建立稳定的多元合作模式等方式提升教学效果。

基于“微媒体”的高校创新创业课程是一种围绕着学生创新创业这个主题，在课堂学习、研究性学习或社会创新创业课程活动中通过“微媒体”开展的具有一定教育目的和科普意义的综合性、群体性创新创业课程活动。毛泽东同志指出：你要有知识，你就得参加变革现实的创新实践。基于“微媒体”的高校创新创业课程是按照高校的培养目标，有组织、有计划、有目的地引导大学生深入实际、深入社会、深入生活，开展创新与创业，这是培养大学生创新思维、创业精神、创业能力的最好途径。

一、高校创新创业课程教学改革的重要性

了解大学生开展和参与创新创业课程的情况，把握高校创新创业课程的方向，总结培养创新型人才的经验，探索创新大学生人才培养模式。这对推进高校创新型人才培养工程，乃至社会主义事业合格建设者与可靠接班人的培养都具有重要的现实意义和深远的历史意义。

基于“微媒体”的高校创新创业课程在繁荣校园文化、培养创新型人才，推动技术创新等方面日益发挥着重要作用。现代经济与技术的迅速发展，要求教育质量与教育效率的快速提升，要求我们在教育与生产劳动结合的内容和方法上不断创新发展。大学生教育要立足现状，掌握基于“微媒体”的高校创新创业课程规律；把握特征，拓展创新创业课程教育内涵；着眼未来，创新基于“微媒体”的高校创新创业课程内容与载体；完善机制，构建新的教育教学模式；提升功能，建立稳定的多元合作模式。

二、“微媒体”高校创新创业课程教学的基本原则

其一，以服务社会为主旨。马克思曾指出：人们的意识随其生活条件、社会关系与社会存在的改变而改变。教育理念决定基于“微媒体”的高校创新创业课程的方向和态势，对基于“微媒体”的高校创新创业课程其他要素起着制约和引导作用。要以理念为先导，带动和促进高校创新创业课程内容、创新创业课程方法的全面创新。高校创新创业课程意识由“信念”和“意志”向“行为习惯”转化，不再满足于单一的生产劳动创新创业课程形式，不断寻求由“感知”到“参与”创新创业课程，再到在服务社会的过程中增强责任意识和奉献行为，力求适应社会需求，为社会经济服务。

其二，拓展创新创业课程教育内涵。通过生动鲜活的基于“微媒体”的高校创新创业课程不断发展和提升育人理念。高校创新创业课程的理念回应着时代的诉求、凸显着时代的特征，在不断创新中焕发着生机和活力。高校创新创业课程要解放思想、实事求是、与时俱进，用时代的要求审视面临的新形势和新任务，并相应的进行改革和创新，不断丰富和完善，达到教育效果，实现教育目标。以鲜明的问题意识、突出的主体意识、深层的学科整合为切入点，推动基于“微媒体”的高校创新创业课程创新发展，是准确把握基于“微媒体”的高校创新创业课程时代特征的关键所在。立足于创新创业课程中出现的崭新课题和遇到的重大问题，特别是要立足于现代科学技术

产生、发展、变化的实际，积极探索育人范式的转变，不断在与时俱进中进行创新。基于“微媒体”的高校创新创业课程的理念要不断创新，赋予新的时代内涵，并将它们作为构成现代教育体系的重要组成部分。

三、高校创新创业课程教学的实施途径

其一，全方位引导和管理，创新创业课程活动载体。把握新时期基于“微媒体”的高校创新创业课程规律，创设与完善活动载体。大学生既要学习书本知识，又要在社会创新创业课程中学习，自觉投身于火热的改革开放和现代化建设。把学得的知识用于创新创业课程，在创新创业课程中继续学习提高。在基于“微媒体”的高校创新创业课程中，大学生广泛参与其中，他们的兴趣、爱好以及相关能力得到充分发展，活动有助于大学生道德认知与判断能力的形成；有助于大学生探索精神、自主意识与协作精神的培养；有助于大学生同辈伙伴之间的互动互助，推动个体的健康成长。

把握好大学生发展规律，促进基于“微媒体”的高校创新创业课程顺利开展。在建立高校创新创业节、高校创新创业课程基地、高校创新创业课程基金的同时，还必须从大学生凸显自我、务实理性、喜欢冒险、张扬个性等个性诉求出发，创新基于“微媒体”的高校创新创业课程的载体，丰富基于“微媒体”的高校创新创业课程的内容，使得基于“微媒体”的高校创新创业课程能够把握时代脉搏。传统高校创新创业节一般以普及科学知识、培养科学兴趣、交流科研心得为目的，以创新创业讲座与创新创业沙龙、校园创新创业竞赛等为基本形式，这种活动形式虽然可以做到规模化、制度化和长期性，但往往大学生参与度不高。各类高校都应从大学生心理需求和喜好出发，开展诸如：动漫手机设计大赛、个性网页秀、微信微博设计比赛等一系列形式新颖、内容丰富的创新创业活动，能极大程度地吸引大学生的眼球。

高校创新创业社团是高校创新创业课程的重要载体，是第一课堂的补充和延伸，是大学生自我管理、自我教育和自我服务的重要平台。创新创业型大学生社团的兴趣性和专业性可以寓教于乐，激烈的思想交锋、精彩的创新创业争辩往往能够催生更多更好的创新创业成果。而社团的结成多数是因为有共同的兴趣爱好，加上相对自由松散的管理环境，为越来越多的大学生所接受。大学生社团活动改变了课堂教学形式上的主客体关系，使大学生变被动为主动，有益于大学生通过广泛的渠道来锻炼才干、增长知识、活跃思想、启迪思维、调节情绪、发展个性、实现价值，促进全面素质的提高。因此，加强对大学生社团的引导和管理，是创新高校创新创业课程载体形式的有益探索和一个发展方向。

其二，革新教育教学方法，完善组织实施体系。深化高等教育改革，构建新的教

育教学模式是基于“微媒体”的高校创新创业课程长远发展的必然选择。社会创新创业课程是青年一代锻炼成长的大课堂，把社会各方面的资源整合起来，使它们充分发挥作用，密切配合，积极营造大学生健康成长的良好环境。切实改革教学计划，处理好第一课堂和第二课堂关系。把高校创新创业课程纳入正常的教学轨道，作为培养学生创新素质的主要环节。高校应调整课程体系，压缩理论教学的学时数，要求教师在教学中更多地给学生传授新知识、新信息、新技术，培养学生发现问题、分析问题和解决问题的能力，做到素质的培养与课堂教学紧密结合。通过“隐形课程”和各种创新创业活动，发挥和提高大学生的想象力与创造力，培养和完善大学生的综合素质。

切实做好教师的指导工作，建立基于“微媒体”的高校创新创业课程指导专家库。调查结果显示，39% 的大学生认为参与基于“微媒体”的高校创新创业课程遇到最大的困难是无人指导，在被调查的选项中排第一位。不少大学生因为找不到指导老师，事先准备的作品要么无法应用，要么只能找到“挂名”指导老师，教学质量不高。高校应由大学生院、教学处、校团委、学工处、科研处、人事处、财务处等多部门配合建立基于“微媒体”的高校创新创业课程指导专家库，制定和完善高校创新创业课程指导老师聘任办法和奖励办法，配套相应的项目基金，从政策、物质等方面保证“入库”专家的积极性，保证指导工作的连续性和科学性。

完善组织实施体系，发挥各部门的联动作用。具体而言，建立由大学生院、教务处、科研处、学工处与校团委组成的组织实施体系。首先，教务处通过计算教学工作量、教学奖评定、职称评定等措施调动教师积极性，吸引更多老师支持、参与基于“微媒体”的高校创新创业课程，把大学生参与创新创业活动情况纳入考察范围。然后，科研处列出各学科前沿选题指南，引导教师、大学生课外科研选题紧扣创新创业前沿，使科研活动符合创新创业发展需求，解决现实问题；运用科研网络项目管理系统对高校创新创业课程项目进行管理，包括立项申报、成果提交、作品评审等工作。再次，大学生院、学工处和校团委科学组织、广泛动员，精心设计组织好定期的创新创业活动和基于“微媒体”的高校创新创业课程，搭建创新服务平台，突出大学生的主动性，推动创新创业活动蓬勃发展，促进大学生综合素质的全面提高。

其三，整合各种资源，建立多元合作培育模式。建立多样化合作培育模式，提升基于“微媒体”的高校创新创业课程的教育功能是一项重要的、富于挑战性的工作。开展基于“微媒体”的高校创新创业课程旨在培养大学生创新能力、提高大学生综合素质，为大学生更好地成长成才服务，为创新创业培养更多创新型人才。

立足大学生就业创业实际发展需要，整合各种资源。从开展基于“微媒体”的高校创新创业课程的现状出发，高校进一步解放思想，创新工作内容和形式，适应大学生需求，增强基于“微媒体”的高校创新创业课程的吸引力和凝聚力，实行“走出去，引进来”战略，广泛开展合作，通过多家企业共同参与的校企合作委员会模式，为高校创新创业课程赢得稳定的技术支持，不断提升基于“微媒体”的高校创新创业课程功能，更好地服务于创新型社会建设。如：中南大学在成立大学生的创新创业合作委员会后，通过召开年会，论坛等形式，不断探讨合作方式，探索合作领域。中南大学在上百家企业中建立了高校创新创业课程基地，并聘请多位来自企业的高级技术人员担任该校的兼职教师，这些企业已成为该校的理事会单位，实现优势互补、资源共享，强化创新创业课程育人环节，提高了人才培养质量。

基于“微媒体”的高校创新创业课程可放眼政府关怀和企业的大力支持。校企合作委员会的建立、运行、充实过程是高校与企业、行业协会、政府部门等资源共享、联系对话的过程，从而使得各方利益获得最大满足，实现科学发展。就基本操作形式而言，一方面，建设校企高校创新创业课程基地。通过合作委员会，学校与政府、企业一起在校内外共建企业高校创新创业课程基地。通过实行会员制，支持和保证会员的创新创业工作，解决大学生从事创新创业活动的资金问题，为高校提供高校创新创业活动专项资金支持，解决部分高校无力设立高校创新创业科研专项基金难题；另一方面企业通过积极参与高校创新创业课程，培养和宣传企业文化的同时，有效地降低大学生的就业成本，实现学生、学校和企业的共赢。

多方共同合作催生大学生兴趣社团。大学生兴趣社团特别是创新创业类型社团是基于“微媒体”的高校创新创业课程中的重要组成部分，也是高校创新创业课程成果的重要“生产商”。校企合作委员会利用组织优势和资源，组织有共同兴趣爱好的大学生与企业深入接触，使得大学生在与企业人员的交流和生产创新创业课程中，产生共同的目标、想法和创新灵感，从而结成社团或团队。这些社团、团队实际上就是企业管理和生产难题的攻关小组，从解决企业具体的生产和管理问题入手，找出解决方案和技术改进措施，从而引导创新要素向企业集聚，促进科研成果向现实生产力转化，推进国家创新体系建设，提升国家创新能力。

开发和运用创新创业资本，通过引导运用创新创业资本，提高高校创新创业适应能力和生存能力。一方面加强高校创新创业理论教育，对大学生和创新创业团队进行专题辅导，引导大学生正确对待和运用创新创业资本；另一方面高校要积极帮助大学生建立创新创业资本管理运行体系，为高校创新创业科研活动搭建好平台，营造良好的外部环境。

第七节 设计思维在创新创业教育中的应用

将“设计思维”(Design Thinking）这一全球最为热门的创造性解决问题的理论、方法和系统应用于创新创业教育，不仅能开启全脑思维的模式，培养学生积极开放的心态，教给学生创新思考的工具和方法，提升学生的创新创业能力，还可促进创新创业的成果快速落地，从而实现“授人以鱼”和“授人以渔”兼得。

高校作为创新创业人才培养的重要阵地，很多高校已在落实创新创业教育改革方面做出行动，不少学校开出了创新创业教育系列课程，部分学校甚至成立了独立的创业学院，围绕创新创业教育“是什么、教什么、如何教、谁来教”四个基本问题不少专家学者都给出了许多好的答案。本节将重点讨论如何将设计思维应用于创新创业教育，以及设计思维对创新创业教育的影响和改变。

一、为何选择“设计思维”来引导创新创业教育

把“设计思维”(Design Thinking）这一套创造性解决问题的方法系统应用于创新创业教育不仅能开启全脑思维的模式，培养学生积极开放的心态，教给学生创新思考的工具和方法，提升学生的创新创业能力，还可促进创新创业的成果快速落地，从而实现“授人以鱼”和“授人以渔”兼得。

二、设计思维在创新创业教育中的应用

用“设计思维五步法”指导项目实践。设计思维作为一种系统化的设计理念，不但可以用于产品和服务设计，还可用于社会创新和教育设计等多个领域。在实际使用过程中，设计思维会经历灵感、构思和实施三个空间。灵感是那些激发人们找寻解决方案的问题或机遇。构思是产生、发展和测试创意的过程。而实施则是将想法从项目阶段推向人们生活的路径。具体来说，设计思维包括“亲身观察”“凝聚焦点”“酝酿点子”“原型制作”和“测试反馈”等五个重要步骤。

在创新创业教育实践中，学生可在老师的指导下按照设计思维的基本流程和方法，完成一个创新创业项目的设计，这个项目可以是一个产品、一种服务，也可以是一种创新的商业模式。

组建跨学科的项目团队。成功的创新创业需要优势互补的团队。以设计思维为导向的创新创业教育，将来自不同专业的学生组成一个团队，针对某个实际问题做研究。

来自不同专业的学生围绕设计项目展开研究和讨论，通过一次次的脑力激荡，寻求各种各样的创新解决方案。这种跨学科的交流不仅能拓展学生的知识面，完善其知识结构，塑造其立体化的思维方式，还能培养和提升学生的独立思考能力、团队协作能力、创新思维能力和创业实践能力等。

创设开放式学习环境。以设计思维为导向的创新创业教育以互动式、体验式教学方式为主，强调以学生为主体的参与式教学。为充分调动学生学习的积极性和主动性，设计思维教育强调学习环境的重要性。通过周边环境的改变来激发师生的创新思维，获得新的灵感。

“设计思维”强调以人为中心的创新，在整个设计过程当中除了充分考虑消费者的需求以外，它还提倡设计师、商业人士和其他相关人员的共同参与。它强调通过同理心观察、彼此协作、快速学习、将想法视觉化以及快速概念原型化等方法的应用，最终形成创新的产品、服务或商业模式等。

应用多元方法评价项目。以设计思维为导向的创新创业教育要求学生团队从用户真实的需求出发，并致力于解决产业界、生活中实际存在的问题。其次，在探索创意性的解决方案时要以最终的使用者、客户或顾客为中心。既要考虑到产品的性能能满足用户需求，还要充分考虑到产品成本和市场推广等问题，保证好的产品和服务能得到最终用户的认可并能实现商业盈利。

因此，以设计思维为导向的创业教育应该引导学生团队从发现用户需求和解决生活中的实际问题出发，在整个项目的开发过程中同时考虑“客户的真需求”“技术的可行性”与“商业的可持续”，三者缺一不可。

三、设计思维对传统创业教育的影响和改变

从“产品思维”到“用户思维”。“产品思维”，顾名思义是用产品的形态来满足用户需求的一种思维模式，最终的思维聚焦点在“物”上；“用户思维”是用心去满足用户需求的一种思维模式，最终的思维聚焦点在“人”上。虽然最终目的都是市场和利润，但因为思维聚焦点不同，所以现实着力点也会大不相同。

设计思维所提到的“以人为中心”就是典型的“用户思维”，强调的是利用移情来洞察用户的需求，创业者需要带着同理心去体验用户的工作或生活，然后又要走出用户的内心，用想象力去洞察和提炼问题。

因此，创新创业教育也需要从关注产品设计的工程思维上升到关注用户体验的用户思维。高校的创新创业教育应该鼓励学生去体验生活，设身处地地站在用户的立场上找到生活中的问题，然后创造性地解决问题。

从单兵作战到跨界合作。设计思维教育实践强调学生团队是创新的主体。近年来，国内外很多院校尝试将跨学科合作作为培养学生创新创业能力的重要方式，跨专业合作不但是校内合作，还包括校际合作和校企合作。这种独特的教育方式和实践模式，已被初步证明是培养创新创业人才和促进创新成果转化的重要方法。

设计思维坚持以人为中心，而不仅仅是技术或商业的角度出发探索创新方法。设计思维提倡吸纳不同背景的专业人士共同参与整个设计，如在消费者调研时会引入有社会学、心理学、商业和艺术背景的专业人士一起找到消费者真正的需求等。

从关注计划转移到关注行动。将设计思维训练与创新创业课程相结合，学生通过“边做边学 Learning by Doing”，学习应用设计思维的流程和方法，完成一个创新创业项目原型的设计与开发。课程通过一系列行之有效、富含创新方法论的实践训练，让学生学习和实践创新产品设计的全过程，不仅可以培养学生的创新思维、创新能力，锻炼问题发掘、表述沟通、团队合作、时间管理、动手实践等多方面能力，还可使创新创业的成果直接落地。

从知识碎片化到教育集成化。创业是一项高度动态性的商业活动。“市场回应”是商业循环中的重要环节，创新、创意和创业是否被市场接受是检验创新创业教育是否成功的关键。让学生知道自己有了创业的想法后，如何让自己活下去，这才是创业教育。这些不仅牵涉到技术，还涉及社会学、心理学、管理学等相关知识，而让学生具备这样的综合的能力，或者是能整合这些资源的能力，必须使原本碎片化的创新创业教育向集成化转变。

总的来说，创新创业教育更应该鼓励学生深入一线、体验生活，引导学生从关注产品设计上升到关注用户体验，设身处地地站在用户的立场上找到生活中的挑战和问题，通过创造性思维寻求解决问题的方案，并不断地在行动中去测试和完善我们的方案，最终为他人和社会创造价值。

参考文献

[1] 胡在东，宋珊，杨文 . 大学生思想政治教育模式与方法创新 [M]. 北京：九州出版社，2018.

[2] 王楠 . 大学生思想政治教育创新研究 [M]. 延吉：延边大学出版社，2017.

[3] 周成军 . 大学生思想政治教育与创新创业 [M]. 北京：光明日报出版社，2016.

[4] 闫晓静 . 大学生思想政治教育创新研究 [M]. 成都：电子科技大学出版社，2017.

[5] 史庆伟 . 大学生思想政治教育管理与实践研究 [M]. 天津：天津教育出版社，2015.

[6] 简冬秋，孟广普 . 大学生思想政治教育方法新论 [M]. 沈阳：辽海出版社，2019.

[7] 董晓蕾 . 大学生思想政治教育方法的理论与实践研究 [M]. 北京：北京师范大学出版社，2018.

[8] 徐建军 . 大学生网络思想政治教育理论与方法 [M]. 北京：人民出版社，2010.

[9] 戴丽红 . 当代大学生思想政治教育创新探索 [M]. 成都：电子科技大学出版社，2016.

[10] 刘便花 . 高校大学生思想政治教育创新与实践研究 [M]. 北京：国家行政学院出版社，2017.

[11] 黄慧琳 . 高校大学生思想政治教育与创新能力培养探索 [M]. 成都：电子科技大学出版社，2017.

[12] 崔付荣 . 新时代大学生思想政治教育创新发展研究 [M]. 北京：新华出版社，2018.